初級日本語［げんき］

解答
かい　とう
ANSWER KEY

the japan times

げんき①テキスト・解答

▶会話・文法編

あいさつ (p.37)

1. はじめまして。よろしくおねがいします。 2. こんにちは。 3. (to the teacher) おはようございます。／ (to the friend) おはよう。 4. すみません。 5. ありがとうございます。 6. こんばんは。 7. おやすみなさい。 8. いってきます。 9. ただいま。 10. いただきます。 11. ごちそうさま。

会話・文法編 第1課

I-A. (p.48)

(a) ご (b) きゅう／く (c) なな／しち (d) いち (e) じゅう (f) はち (g) に (h) ろく (i) よん／し (j) さん

I-B. (p.48)

(a) よんじゅうご (b) はちじゅうさん (c) じゅうきゅう／じゅうく (d) ななじゅうろく (e) ごじゅうに (f) ひゃく (g) さんじゅうはち (h) ろくじゅういち (i) にじゅうよん／にじゅうし (j) きゅうじゅうなな／きゅうじゅうしち

I-C. (p.48)

(a) はち (b) じゅう (c) なな／しち (d) ゼロ／れい (e) じゅうきゅう／じゅうく (f) いち (g) じゅうご

Ⅱ-A. (p.49)

(1) さんじです。 (2) くじです。 (3) じゅういちじです。 (4) しちじです。 (5) にじはんです。 (6) よじはんです。 (7) じゅうにじです。 (8) ろくじです。

Ⅱ-B. (p.50)

1. ごごろくじです。 2. ごご しちじです。 3. ごごくじです。 4. ごご じゅういちじはんです。 5. ごぜん いちじです。 6. ごぜん よじです。 7. ごご いちじです。 8. ごご さんじです。

Ⅲ-A. (p.50)

1. きゅうごいちの ゼロさんにろく 2. さんろくにの よんごいちきゅう 3. ゼロにゼロの ろくきゅうにいちの よんにさんろく 4. ゼロさんゼロの はちごににの いちゼロさんに

Ⅳ. (p.51)

1. わたしの せんせい 2. わたしの でんわばんごう 3. わたしの なまえ 4. たけしさんの せんこう 5. メアリーさんの ともだち 6. ロンドンだいがくの がくせい 7. にほんごの せんせい 8. こうこうの せんせい

Ⅴ-A. (p.51)

(a) 1. たけしさんは にほんじんです。 2. スーさんは かんこくじんです。 3. ロバートさんは イギリスじんです。 4. やましたせんせいは にほんじんです。

(b) 1. たけしさんは よねんせいです。 2. スーさんは さんねんせいです。 3. ロバートさんは よねんせいです。

(c) 1. たけしさんは にじゅうにさいです。 2. スーさんは はたちです。 3. ロバートさんは にじゅうにさいです。 4. やましたせんせいは よんじゅうななさいです。

(d) 1. たけしさんは さくらだいがくの がくせいです。 2. スーさんは ソウルだいがくの がくせいです。 3. ロバートさんは ロンドンだいがくの がくせいです。 4. やましたせんせいは さくらだいがくの せんせいです。

(e) 1. たけしさんの せんこうは れきしです。

2. スーさんの せんこうは コンピューターです。

3. ロバートさんの せんこうは ビジネスです。

Ⅴ-B. (p. 52)

1. Q：メアリーさんは アリゾナだいがくの がくせいですか。 A：ええ、そうです。 2. Q：メアリーさんは いちねんせいですか。 A：いいえ、にねんせいです。 3. Q：たけしさんは にほんじんですか。 A：ええ、そうです。 4. Q：たけしさんは にほんだいがくの がくせいですか。 A：いいえ、さくらだいがくの がくせいです。 5. Q：たけしさんは じゅうきゅうさいですか。 A：いいえ、にじゅうにさいです。 6. Q：スーさんは スウェーデンじんですか。 A：いいえ、かんこくじんです。 7. Q：スーさんの せんこうは けいざいですか。 A：いいえ、コンピューターです。 8. Q：ロバートさんの せんこうは ビジネスですか。 A：ええ、そうです。 9. Q：ロバートさんは よねんせいですか。 A：ええ、そうです。 10. Q：ロバートさんは にじゅういっさいですか。 A：いいえ、にじゅうにさいです。 11. Q：やましたせんせいは にほんじんですか。 A：ええ、そうです。 12. Q：やましたせんせいは ハワイだいがくの せんせいですか。 A：いいえ、さくらだいがくの せんせいです。

Ⅵ-A. (p. 53)

(a) 1. おかあさんは しゅふです。 2. おにいさんは だいがくいんせいです。 3. いもうとは こうこうせいです。

(b) 1. おかあさんは よんじゅうごさいです。 2. おにいさんは にじゅうさんさいです。 3. いもうとは じゅうろくさいです。

Ⅵ-B. (p. 54)

1. はい、そうです。 2. よんじゅうはっさいです。 3. いいえ、しゅふです。 4. よんじゅうごさいです。 5. いいえ、だいがくいんせいです。 6. にじゅうさんさいです。 7. いいえ、こうこうせいです。 8. じゅうろくさいです。

会話・文法編 **第2課**

Ⅰ-A. (p. 69)

(a) さんじゅうよん／さんじゅうし (b) ろくじゅうなな／ろくじゅうしち (c) はちじゅうさん (d) きゅうじゅうきゅう／きゅうじゅうく (e) ひゃくにじゅうご (f) ごひゃくじゅうご (g) ろっぴゃくさん (h) はっぴゃくごじゅう (i) せんさんびゃく (j) さんぜんよんひゃく (k) はっせんきゅうひゃく (l) さんまんごせん (m) ろくまんよんせんごひゃく (n) きゅうまんにせんさんびゃくよんじゅう

Ⅰ-B. (p. 69)

(1) ごじゅうえんです。 (2) せんえんです。 (3) ひゃくじゅうえんです。 (4) せんごひゃくえんです。 (5) さんぜんごひゃくえんです。 (6) いちまんえんです。 (7) にまんえんです。 (8) はっせんえんです。 (9) きゅうせんえんです。 (10) にまんごせんえんです。 (11) よんひゃくごじゅうえんです。 (12) にせんはっぴゃくえんです。

Ⅱ-A. (p. 71)

(1) これは じてんしゃです。 (2) これは ぼうしです。 (3) これは えんぴつです。 (4) これは かさです。 (5) これは じしょです。 (6) これは かばんです。 (7) それは さいふです。 (8) それは にほんごの ほんです。 (9) それは ノートです。 (10) それは くつです。 (11) それは とけいです。 (12) それは しんぶんです。

Ⅱ-B. (p. 72)

(1) あれは だいがくです。 (2) あれは ぎんこうです。 (3) あれは ゆうびんきょくです。 (4) あれは きっさてんです。

Ⅲ-A. (p. 72)

(1) そのペンは にひゃくきゅうじゅうえんです。 (2) あのコンピューターは ろくまんはっせんえんです。 (3) そのさいふは よんせんさんびゃくえんです。 (4) このじしょは さんぜんごひゃくえんです。 (5) あのじてんしゃは いちまんななせんえんです。

Ⅳ. (p. 74)

(1) Q：すみません。トイレは どこですか。A：ここです。 (2) Q：すみません。としょかんは どこですか。A：あそこです。 (3) Q：すみません。くつは どこですか。A：そこです。 (4) Q：すみません。やましたせんせいは どこですか。A：あそこです。 (5) Q：すみません。メニューは どこですか。A：そこです。 (6) Q：すみません。じしょは どこですか。A：ここです。

Ⅵ. (p. 75)

(1) メアリーさんは にねんせいです。カルロスさんも にねんせいです。 (2) このかばんは ごせんはっぴゃくえんです。あのかばんも ごせんはっぴゃくえんです。 (3) たけしさんは にじゅうにさいです。ロバートさんも にじゅうにさいです。 (4) ソウルは しちじです。とうきょうも しちじです。 (5) これは やさいです。あれも やさいです。 (6) ロバートさんは ロンドンだいがくの がくせいです。ナンシーさんも ロンドンだいがくの がくせいです。

Ⅶ-A. (p. 76)

1. いいえ、ちゅうごくじんじゃないです。にほんじんです。 2. いいえ、アメリカじんじゃないです。イギリスじんです。 3. いいえ、かんこくじんじゃないです。にほんじんです。 4. いいえ、にほんごじゃないです。ビジネスです。 5. いいえ、けいざいじゃないです。コンピューターです。 6. はい、そうです。 7. いいえ、ロンドンだいがくの がくせいじゃないです。アリゾナだいがくの がくせいです。 8. いいえ、にねんせいじゃないです。よねんせいです。 9. いいえ、いちねんせいじゃないです。さんねんせいです。 10. はい、そうです。

会話・文法編 **第3課**

Ⅰ-A. (p. 95)

1. のみます／のみません 2. ききます／ききません 3. みます／みません 4. します／しませ

ん 5. はなします／はなしません 6. いきます／いきません 7. きます／きません 8. かえります／かえりません 9. ねます／ねません 10. よみます／よみません 11. おきます／おきません 12. べんきょうします／べんきょうしません

Ⅰ-B. (p. 95)

(a) (1) 音楽を聞きます。 (2) テニスをします。 (3) ハンバーガーを食べます。 (4) コーヒーを飲みます。 (5) テレビを見ます。 (6) 日本語を話します。

(b) (1) うちで音楽を聞きます。 (2) 学校でテニスをします。 (3) マクドナルドでハンバーガーを食べます。 (4) 喫茶店でコーヒーを飲みます。 (5) うちでテレビを見ます。 (6) 大学で日本語を話します。

Ⅰ-C. (p. 96)

(1) 図書館に行きます。 (2) 学校に来ます。 (3) 喫茶店に来ます。 (4) うちに帰ります。 (5) アメリカに帰ります。

Ⅱ-A. (p. 98)

1. 七時半に起きます。 2. 八時半に学校に行きます。 3. 十二時に昼ご飯を食べます。 4. 三時にコーヒーを飲みます。 5. 五時にうちに帰ります。 6. 八時に勉強します。 7. 十一時半に寝ます。

Ⅱ-C. (p. 98)

(Ⅰ-B) (1) 四時半にうちで音楽を聞きます。 (2) 土曜日に学校でテニスをします。 (3) 五時にマクドナルドでハンバーガーを食べます。 (4) 三時に喫茶店でコーヒーを飲みます。 (5) 今晩うちでテレビを見ます。 (6) 毎日大学で日本語を話します。
(Ⅰ-C) (1) 三時に図書館に行きます。 (2) 八時半に学校に来ます。 (3) 日曜日に喫茶店に来ます。 (4) 五時半にうちに帰ります。 (5) あしたアメリカに帰ります。

Ⅲ-A. (p. 99)

1. 映画を見ませんか。 2. 私のうちに来ませんか。 3. テニスをしませんか。 4. 晩ご飯を食べ

ませんか。　5. 図書館で勉強しませんか。　6. 喫茶店で話しませんか。　7. うちでお茶を飲みませんか。　8. 音楽を聞きませんか。

会話・文法編　第4課

I-C. (p. 116)

1. はい、あります。　2. いいえ、ありません。　3. いいえ、ありません。　4. いいえ、ありません。　5. フランス語のクラスと英語のクラスとコンピューターのクラスがあります。　6. 英語のテストとパーティーがあります。　7. アルバイトがあります。

II-A. (p. 117)

1. 郵便局は病院の前です。　2. 喫茶店はホテルの中です。　3. バス停は大学の前です。　4. 公園はホテルの後ろです。　5. スーパーは図書館のとなりです。　6. 病院は大学とホテルの間です。

II-B. (p. 117)

1. えんぴつはつくえの上です。　2. ラケットはかばんの中です。　3. 時計はテレビの前です。　4. 電話は時計の左です。　5. かばんはつくえの下です。　6. ぼうしはドアの左です。

III-A. (p. 118)

1. いいえ、山下先生は子供じゃなかったです。　2. いいえ、山下先生は一年生じゃなかったです。　3. はい、山下先生はいい学生でした。　4. いいえ、山下先生の専攻は英語じゃなかったです。　5. はい、山下先生の専攻は歴史でした。

IV-A. (p. 120)

1. はなしました／はなしませんでした　2. かいました／かいませんでした　3. よみました／よみませんでした　4. かきました／かきませんでした　5. きました／きませんでした　6. まちました／まちませんでした　7. おきました／おきませんでした　8. わかりました／わかりませんでした　9. しました／しませんでした　10. とりました／とりませんでした　11. ありました／あ

りませんでした　12. ねました／ねませんでした　13. ききました／ききませんでした　14. かえりました／かえりませんでした　15. のみました／のみませんでした

IV-B. (p. 120)

(1) メアリーさんは火曜日に家で手紙を書きました。　(2) メアリーさんは水曜日に学校でテニスをしました。　(3) メアリーさんは木曜日に喫茶店で日本人の友だちに会いました。　(4) メアリーさんは金曜日に友だちのうちで晩ご飯を食べました。　(5) メアリーさんは土曜日に京都で映画を見ました。　(6) メアリーさんは日曜日にデパートで買い物をしました。

IV-C. (p. 121)

1. いいえ、聞きませんでした。　2. いいえ、書きませんでした。　3. はい、会いました。　4. いいえ、行きませんでした。　5. いいえ、しませんでした。　6. はい、しました。

IV-D. (p. 121)

1. 学校でテニスをしました。　2. 家で手紙を書きました。　3. 土曜日に映画を見ました。　4. 日曜日に買い物をしました。　5. 友だちのうちで晩ご飯を食べました。　6. 喫茶店で友だちに会いました。

V-A. (p. 122)

1. たけしさんはかばんも買いました。　2. メアリーさんも日本語を勉強します。　3. たけしさんは日曜日にもアルバイトをします。　4. メアリーさんは学校でも日本語を話します。　5. あした、メアリーさんはスーさんにも会います。　6. きのうもデパートに行きました。

V-B. (p. 122)

(1) 木村さんはパーティーに行きます。山口さんもパーティーに行きます。　(2) たけしさんはご飯を食べます。パンも食べます。　(3) ロバートさんはコーヒーを飲みます。お茶も飲みます。　(4) メアリーさんは英語を話します。スペイン語も話し

ます。 (5) 公園で写真を撮ります。お寺でも写真を撮ります。 (6) うちで勉強します。図書館でも勉強します。 (7) 土曜日にデートをします。日曜日にもデートをします。 (8) 火曜日にテストがあります。木曜日にもテストがあります。 (9) 東京に行きます。広島にも行きます。

VI-A. (p. 123)

(1) メアリーさんは二時間テニスをしました。 (2) メアリーさんは三時間勉強しました。 (3) メアリーさんは一時間半音楽を聞きました。 (4) メアリーさんは一時間たけしさんを待ちました。 (5) メアリーさんは二時間半テレビを見ました。

会話・文法編 第5課

I-A. (p. 137)

1. やすいです 2. あついです 3. さむいです 4. おもしろいです 5. つまらないです 6. いそがしいです 7. ふるいです 8. いいです 9. しずかです 10. にぎやかです 11. きれいです 12. ひまです

I-B. (p. 137)

1. さむくないです 2. ふるくないです 3. こわくないです 4. あたらしくないです 5. むずかしくないです 6. かっこよくないです 7. ちいさくないです 8. よくないです 9. げんきじゃないです 10. しずかじゃないです 11. きれいじゃないです 12. にぎやかじゃないです

I-C. (p. 137)

(1) この時計は安いです。／この時計は高くないです。 (2) 暑いです。 (3) 寒いです。 (4) このテレビはおもしろいです。 (5) このテレビはつまらないです。／このテレビはおもしろくないです。 (6) メアリーさんは忙しいです。／メアリーさんはひまじゃないです。 (7) メアリーさんはひまです。／メアリーさんは忙しくないです。 (8) この町は静かです／この町はにぎやかじゃないです。 (9) この町はにぎやかです。／この町は静かじゃな

いです。 (10) この部屋はきれいです。 (11) この部屋はきれいじゃないです。 (12) このテストはいいです。 (13) このテストはよくないです。

II-A. (p. 139)

1. やすかったです 2. あつかったです 3. さむかったです 4. おもしろかったです 5. つまらなかったです 6. いそがしかったです 7. たのしかったです 8. よかったです 9. しずかでした 10. にぎやかでした 11. きれいでした 12. ひまでした

II-B. (p. 139)

1. たかくなかったです 2. たのしくなかったです 3. やさしくなかったです 4. つまらなくなかったです 5. おおきくなかったです 6. よくなかったです 7. いそがしくなかったです 8. かっこよくなかったです 9. にぎやかじゃなかったです 10. しずかじゃなかったです 11. きれいじゃなかったです 12. げんきじゃなかったです

II-C. (p. 139)

1. 食べ物は高くなかったです。 2. 食べ物はおいしかったです。 3. ホテルは大きくなかったです。 4. ホテルは新しかったです。 5. レストランは静かじゃなかったです。 6. 海はきれいでした。 7. サーフィンはおもしろかったです。

II-D. (p. 140)

1. 映画を見ました。・こわかったです。 2. うちにいました。・とてもつまらなかったです。 3. パーティーに行きました。・楽しくなかったです。 4. レストランに行きました。・おいしくなかったです。

III-A. (p. 140)

(1) 古いホテルですね。 (2) つまらないテレビですね。 (3) 難しい宿題ですね。 (4) 忙しい人ですね。 (5) ひまな人ですね。 (6) にぎやかな町ですね。 (7) きれいな部屋ですね。

Ⅲ-B. (p. 141)

(1) スーさんはきれいな人です。 (2) ロバートさんはおもしろい人です。 (3) たけしさんは元気な人です。

Ⅴ-A. (p. 142)

1. いっしょに帰りましょう。 2. 先生に聞きましょう。 3. 映画を見ましょう。 4. おみやげを買いましょう。 5. 出かけましょう。 6. 待ちましょう。 7. 泳ぎましょう。 8. 写真を撮りましょう。 9. バスに乗りましょう。 10. 六時に会いましょう。

会話・文法編 第6課

Ⅰ-A. (p. 156)

1. たべて 2. かって 3. よんで 4. かいて 5. きて 6. まって 7. あそんで 8. とって 9. して 10. いそいで 11. いって 12. ねて 13. しんで 14. はなして 15. かえって

Ⅰ-C. (p. 156)

1. 立ってください。 2. 聞いてください。 3. 本を読んでください。 4. 私を見てください。 5. 教科書を持ってきてください。 6. 漢字を教えてください。 7. 本を返してください。 8. ゆっくり話してください。 9. 私と来てください。 10. あした電話をかけてください。 11. 友だちを連れてきてください。

Ⅰ-D. (p. 157)

(1) 電気を消してください。 (2) 入ってください。 (3) 座ってください。 (4) 急いでください。／待ってください。 (5) 窓を閉めてください。

Ⅱ-A. (p. 158)

1. たばこを吸ってもいいですか。 2. 窓を閉めてもいいですか。 3. 朝、シャワーを浴びてもいいですか。 4. 遅く帰ってもいいですか。 5. 友だちを連れてきてもいいですか。 6. 音楽を聞いてもいいですか。 7. 夜、出かけてもいいですか。 8. パソコンを使ってもいいですか。 9. 自転車を借りてもいいですか。

Ⅱ-B. (p. 158)

1. お手洗いに行ってもいいですか。 2. 家に帰ってもいいですか。 3. あした宿題を持ってきてもいいですか。 4. 英語を話してもいいですか。 5. 写真を撮ってもいいですか。 6. 電気をつけてもいいですか。

Ⅲ-A. (p. 159)

1. たばこを吸ってはいけません。 2. 窓を閉めてはいけません。 3. 朝、シャワーを浴びてはいけません。 4. 遅く帰ってはいけません。 5. 友だちを連れてきてはいけません。 6. 音楽を聞いてはいけません。 7. 夜、出かけてはいけません。 8. パソコンを使ってはいけません。 9. 自転車を借りてはいけません。

Ⅲ-C. (p. 159)

1. A：飛行機でたばこを吸ってもいいですか。B：いいえ、たばこを吸ってはいけません。 2. A：クラスで寝てもいいですか。B：いいえ、寝てはいけません。 3. A：ここでコーヒーを飲んでもいいですか。B：はい、コーヒーを飲んでもいいです。／いいえ、コーヒーを飲んではいけません。 4. A：図書館で話してもいいですか。B：いいえ、話してはいけません。 5. A：図書館で食べてもいいですか。B：はい、食べてもいいです。／いいえ、食べてはいけません。 6. A：学校へ犬を連れてきてもいいですか。B：はい、犬を連れてきてもいいです。／いいえ、犬を連れてきてはいけません。 7. A：～さんの国で十八歳の人はお酒を飲んでもいいですか。B：はい、お酒を飲んでもいいです。／いいえ、お酒を飲んではいけません。

Ⅳ-A. (p. 159)

(1) テレビを消して、出かけます。 (2) 朝ご飯を食べて、トイレに行きます。 (3) お風呂に入って、デートをします。 (4) 日本語のＣＤを聞いて、寝ます。 (5) 新聞を読んで、コーヒーを飲みます。

Ⅵ-A. (p. 162)

(1) 窓を開けましょうか。 (2) 手伝いましょうか。
(3) 電話をかけましょうか。 (4) 荷物を持ちまし
ょうか。 (5) 飲み物を持ってきましょうか。 (6)
電気をつけましょうか。 (7) 写真を撮りましょう
か。 (8) 窓を閉めましょうか。

Ⅵ-B. (p. 163)

1. 窓を閉めましょうか。 2. 食べ物を持ってきま
しょうか。 3. 手伝いましょうか。 4. 日本語を
話しましょうか。 5. 電気をつけましょうか。 6.
メニューを読みましょうか。

会話・文法編 第7課

Ⅰ-A. (p. 176)

(1) メアリーさんは本を読んでいます。 (2) メア
リーさんは泳いでいます。 (3) メアリーさんは写
真を撮っています。 (4) メアリーさんは日本語の
ＣＤを聞いています。 (5) メアリーさんは歌を
歌っています。 (6) メアリーさんは日本語を話し
ています。 (7) メアリーさんはたけしさんを待っ
ています。 (8) メアリーさんはゲームをしていま
す。 (9) メアリーさんはテニスをしています。
(10) メアリーさんはコーヒーを飲んでいます。
(11) メアリーさんは電話をかけています。

Ⅱ-A. (p. 177)

1. お姉さんはソウルに住んでいます。 2. いい
え、弟さんはロンドンに住んでいます。 3. お
母さんは高校の先生です。 4. お姉さんは銀行に
勤めています。 5. はい、お姉さんは結婚してい
ます。 6. いいえ、弟さんは結婚していません。
7. お父さんは四十八歳です。 8. 弟さんは十八
歳です。 9. いいえ、お父さんはアメリカの会社
に勤めています。

Ⅲ-A. (p. 178)

(1) この人は目が小さいです。 (2) この人は口が
大きいです。 (3) この人は口が小さいです。 (4)
この人は背が高いです。 (5) この人は背が低いで

す。 (6) この人は髪が長いです。 (7) この人は髪
が短いです。

Ⅲ-B. (p. 178)

1. いいえ、山田さんは太っていません。 2. いい
え、山田さんはＴシャツを着ていません。 3. 吉
川さんはＴシャツを着ています。 4. はい、山田
さんはジーンズをはいています。 5. いいえ、吉
川さんはめがねをかけていません。 6. いいえ、
吉川さんはかさを持っていません。 7. はい、山
田さんは背が高いです。 8. はい、吉川さんは背
が低いです。 9. いいえ、山田さんは髪が短いで
す。 10. いいえ、吉川さんは目が大きいです。

Ⅳ-A. (p. 179)

1. 東京は大きくて、にぎやかです。 2. みちこさ
んはきれいで、やさしいです。 3. たけしさんは
背が高くて、かっこいいです。 4. アパートは静
かで、大きいです。 5. 新幹線は速くて、便利で
す。 6. スーさんは頭がよくて、親切です。 7.
私の国の人は元気で、にぎやかです。

Ⅳ-B. (p. 180)

1. 父は静かで、かっこよかったです。 2. 先生は
大きくて、こわかったです。 3. 家は古くて、き
れいじゃなかったです。 4. クラスは長くて、お
もしろくなかったです。 5. 友だちは親切で、お
もしろかったです。 6. 学校はにぎやかで、楽し
かったです。 7. 宿題は難しくて、大変でした。
8. 私は小さくて、かわいかったです。

Ⅴ-A. (p. 181)

1. スーさんは図書館に本を借りに行きます。
2. スーさんは食堂に昼ご飯を食べに行きます。
3. スーさんは郵便局に切手を買いに行きます。
4. スーさんは公園に写真を撮りに行きます。
5. スーさんは友だちのうちに勉強しに行きます。
6. スーさんは町に遊びに行きます。 7. スーさん
はデパートにくつを買いに行きます。 8. スーさ
んは高校に英語を教えに行きます。 9. スーさん
は喫茶店にコーヒーを飲みに行きます。

会話・文法編 第8課

I-A. (p.198)

1. みない 2. あけない 3. すまない 4. かけない 5. はかない 6. はじめない 7. つくらない 8. せんたくしない 9. あらわない 10. こない 11. わすれない 12. ない 13. おもわない 14. もっていかない 15. はいらない 16. かえらない

I-B. (p.198)

1. ゆうめいじゃない 2. あめじゃない 3. いそがしくない 4. かわいくない 5. みじかくない 6. しんせつじゃない 7. やすくない 8. きれいじゃない 9. たいへんじゃない 10. よくない 11. かっこよくない 12. すきじゃない

II-A. (p.198)

1. うん、勉強する。／ううん、勉強しない。 2. うん、会う。／ううん、会わない。 3. うん、飲む。／ううん、飲まない。 4. うん、乗る。／ううん、乗らない。 5. うん、話す。／ううん、話さない。 6. うん、見る。／ううん、見ない。 7. うん、来る。／ううん、来ない。 8. うん、ある。／ううん、ない。 9. うん、持っている。／ううん、持っていない。 10. うん、行く。／ううん、行かない。 11. うん、掃除する。／ううん、掃除しない。 12. うん、洗濯する。／ううん、洗濯しない。

II-B. (p.199)

1. うん、ひま。／ううん、ひまじゃない。 2. うん、忙しい。／ううん、忙しくない。 3. うん、いい。／ううん、よくない。 4. うん、こわい。／ううん、こわくない。 5. うん、上手。／ううん、上手じゃない。 6. うん、好き。／ううん、好きじゃない。 7. うん、きらい。／ううん、きらいじゃない。 8. うん、月曜日。／ううん、月曜日じゃない。 9. うん、おもしろい。／ううん、おもしろくない。 10. うん、難しい。／ううん、難しくない。

III-A. (p.199)

1. メアリーさんはよく料理をすると思います。 2. メアリーさんは車を運転すると思います。 3. メアリーさんはたばこを吸わないと思います。 4. メアリーさんは毎日日本語を話すと思います。 5. メアリーさんは夜遅く家に帰らないと思います。 6. メアリーさんはあまりコーヒーを飲まないと思います。 7. メアリーさんはよく映画を見に行くと思います。 8. メアリーさんは結婚していないと思います。 9. メアリーさんはたけしさんが好きだと思います。 10. メアリーさんは忙しいと思います。 11. メアリーさんはいい学生だと思います。 12. メアリーさんは背が高くないと思います。 13. メアリーさんは静かじゃないと思います。 14. メアリーさんは一年生じゃないと思います。

III-B. (p.199)

(Picture A)

1. ええ、いい先生だと思います。／いいえ、いい先生じゃないと思います。 2. ええ、有名だと思います。／いいえ、有名じゃないと思います。 3. ええ、ひまだと思います。／いいえ、ひまじゃないと思います。 4. ええ、頭がいいと思います。／いいえ、頭がよくないと思います。 5. ええ、背が高いと思います。／いいえ、背が高くないと思います。 6. ええ、忙しいと思います。／いいえ、忙しくないと思います。 7. ええ、結婚していると思います。／いいえ、結婚していないと思います。 8. ええ、お金をたくさん持っていると思います。／いいえ、お金をたくさん持っていないと思います。 9. ええ、よく食べると思います。／いいえ、あまり食べないと思います。 10. ええ、よくスポーツをすると思います。／いいえ、あまりスポーツをしないと思います。 11. ええ、フランス語を話すと思います。／いいえ、フランス語を話さないと思います。

(Picture B)

1. ええ、ここは日本だと思います。／いいえ、ここは日本じゃないと思います。 2. ええ、有名な所だと思います。／いいえ、有名な所じゃないと

思います。 3. ええ、空気はきれいだと思います。／いいえ、空気はきれいじゃないと思います。 4. ええ、暑いと思います。／いいえ、暑くないと思います。 5. ええ、冬は寒いと思います。／いいえ、冬は寒くないと思います。 6. ええ、人がたくさん住んでいると思います。／いいえ、人がたくさん住んでいないと思います。 7. ええ、ここの人はよく泳ぐと思います。／いいえ、ここの人はあまり泳がないと思います。 8. ええ、夏によく雨が降ると思います。／いいえ、夏にあまり雨が降らないと思います。

Ⅳ-A. (p. 201)

1. 来月もひまじゃないと言っていました。 2. あしたは買い物をすると言っていました。 3. 毎日漢字を勉強していると言っていました。 4. ホームステイをしていると言っていました。 5. お父さんは親切だと言っていました。 6. お母さんは料理が上手だと言っていました。 7. お兄さんは大学生だと言っていました。 8. 家族は英語を話さないと言っていました。 9. あしたはいい天気だと言っていました。 10. あしたは寒くないと言っていました。 11. あさっては雨が降ると言っていました。 12. あさっては寒いと言っていました。

Ⅴ-A. (p. 202)

1. 英語を話さないでください。 2. 電話をかけないでください。 3. 私の家に来ないでください。 4. 行かないでください。 5. たばこを吸わないでください。 6. クラスで寝ないでください。 7. 忘れないでください。 8. じろじろ見ないでください。 9. まだクラスを始めないでください。 10. 遅くならないでください。 11. まだ黒板を消さないでください。 12. 雑誌を捨てないでください。

Ⅵ-A. (p. 202)

1. メアリーさんはフランス語が下手です。 2. メアリーさんは料理が上手です。 3. メアリーさんはすしを作るのが下手です。 4. メアリーさんは

はしで食べるのが上手です。 5. メアリーさんは写真を撮るのが上手です。 6. メアリーさんは車を運転するのが上手です。 7. メアリーさんは日本語を話すのが上手です。 8. メアリーさんはラブレターを書くのが上手です。

Ⅶ-A. (p. 203)

1. スーさんが韓国人です。 2. ロバートさんが料理をするのが上手です。 3. たけしさんがいつも食堂で食べます。 4. たけしさんとメアリーさんがデートをしました。 5. メアリーさんが犬が好きです。

Ⅷ-A. (p. 204)

1. パーティーに行きましたが、何も飲みませんでした。 2. カラオケがありましたが、何も歌いませんでした。 3. テレビがありましたが、何も見ませんでした。 4. カメラを持っていましたが、何も撮りませんでした。 5. ゆみさんに会いましたが、何も話しませんでした。 6. パーティーに行きましたが、何もしませんでした。

会話・文法編 第9課

Ⅰ-A. (p. 217)

(a) 1. はなした 2. しんだ 3. のんだ 4. かけた 5. いった 6. あそんだ 7. つくった 8. でた 9. あらった 10. きた 11. ひいた 12. まった 13. いそいだ 14. もらった 15. おどった 16. せんたくした

(b) 1. みなかった 2. すてなかった 3. しらなかった 4. かけなかった 5. はかなかった 6. はじまらなかった 7. つくらなかった 8. かえらなかった 9. あらわなかった 10. こなかった 11. いわなかった 12. やすまなかった 13. おぼえなかった 14. うたわなかった 15. せんたくしなかった 16. うんどうしなかった

Ⅰ-B. (p. 217)

(a) 1. ゆうめいだった 2. あめだった 3. あかかった 4. かわいかった 5. みじかかった 6. し

んせつだった　7. やすかった　8. きれいだった
9. いいてんきだった　10. かっこよかった　11.
さびしかった　12. ねむかった

(b) 1. いじわるじゃなかった　2. びょうきじゃな
かった　3. わかくなかった　4. かわいくなかっ
た　5. ながくなかった　6. べんりじゃなかった
7. あおくなかった　8. しずかじゃなかった　9.
いいてんきじゃなかった　10. かっこよくなかっ
た　11. おもしろくなかった　12. さびしくなか
った

II-A.　(p. 218)

1. きのうピザを食べた？　2. きのう散歩した？
3. きのう図書館で本を借りた？　4. きのううち
を掃除した？　5. きのううちで料理した？　6.
きのう友だちに会った？　7. きのう単語を覚え
た？　8. きのう学校に来た？　9. きのう家族に
電話をかけた？　10. きのうコンピューターを使
った？　11. きのう手紙をもらった？　12. きの
う遊びに行った？　13. きのう運動した？　14.
きのうクラブで踊った？

II-B.　(p. 219)

1. 子供の時、かわいかった？　2. 子供の時、髪
が長かった？　3. 子供の時、背が高かった？　4.
子供の時、勉強が好きだった？　5. 子供の時、
スキーが上手だった？　6. 子供の時、さびしか
った？　7. 子供の時、楽しかった？　8. 子供の
時、スポーツが好きだった？　9. 子供の時、宿
題がきらいだった？　10. 子供の時、頭がよかっ
た？　11. 子供の時、先生はやさしかった？　12.
子供の時、いじわるだった？

III-A.　(p. 219)

(a) 1. はい、かわいかったと思います。／いいえ、
かわいくなかったと思います。　2. はい、日本語
が上手だったと思います。／いいえ、日本語が上
手じゃなかったと思います。　3. はい、人気があ
ったと思います。／いいえ、人気がなかったと思
います。　4. はい、よく勉強したと思います。／
いいえ、あまり勉強しなかったと思います。　5.

はい、日本に住んでいたと思います。／いいえ、
日本に住んでいなかったと思います。
(b) 1. はい、背が高かったと思います。／いいえ、
背が高くなかったと思います。　2. はい、よくデ
ートをしたと思います。／いいえ、あまりデート
をしなかったと思います。　3. はい、よくギター
を弾いたと思います。／いいえ、あまりギターを
弾かなかったと思います。　4. はい、踊るのが上
手だったと思います。／いいえ、踊るのが上手じ
ゃなかったと思います。　5. はい、かっこよかっ
たと思います。／いいえ、かっこよくなかったと
思います。

IV-A.　(p. 220)

1. お父さんは、友だちとよく踊りに行ったと言っ
ていました。　2. お父さんは、踊るのがあまり上
手じゃなかったと言っていました。　3. お父さん
は、マイケルの歌をたくさん覚えたと言っていま
した。　4. たけしさんは、先月、かぶきを見に行
ったと言っていました。　5. たけしさんは、かぶ
きは十二時に始まって、四時に終わったと言っ
ていました。　6. たけしさんは、かぶきは長かっ
たと言っていました。　7. たけしさんは、かぶき
はおもしろかったと言っていました。　8. ロバー
トさんは、きのう大学に行かなかったと言ってい
ました。　9. ロバートさんは、病気だったと言っ
ていました。　10. ロバートさんは、薬を飲んで
寝ていたと言っていました。

V-A.　(p.221)

1. ご飯を食べている人です。2. ビールを飲ん
でいる人です。3. 寝ている人です。着物を着て
いる人です。4. 歌っている人です。5. 踊って
いる人です。6. ギターを弾いている人です。

VI-A.　(p. 222)

1. いいえ、まだ買っていません。2. いいえ、ま
だしていません。3. いいえ、まだ書いていませ
ん。4. いいえ、まだ飲んでいません。5. いい
え、まだ食べていません。6. いいえ、まだ覚え
ていません。

Ⅶ-A. (p. 223)

1. 魚がきらいだから→すしを食べません。 2. 試験が終わったから→今はひまです。 3. 旅行に行ったから→お金がありません。 4. コンサートの切符を二枚もらったから→行きませんか。 5. 天気がよくなかったから→遊びに行きませんでした。 6. クラスが始まるから→急ぎましょう。

会話・文法編 第10課

I-A. (p. 237)

1. 新幹線のほうがバスより速いです。 2. 電車のほうが新幹線より遅いです。 3. バスのほうが新幹線より安いです。 4. 電車のほうがバスより高いです。 5. 北海道のほうが九州より大きいです。 6. 四国のほうが九州より小さいです。 7. 田中さんのほうが山田さんより背が高いです。 8. 山田さんのほうが鈴木さんより背が低いです。 9. 田中さんのほうが鈴木さんより若いです。 10. 山田さんのほうが鈴木さんより髪が短いです。

Ⅱ-A. (p. 238)

1. 電車がいちばん遅いです。 2. バスがいちばん安いです。 3. 北海道がいちばん大きいです。 4. 四国がいちばん小さいです。 5. 鈴木さんがいちばん背が高いです。 6. 山田さんがいちばん若いです。 7. 鈴木さんがいちばん髪が長いです。

Ⅲ-A. (p. 240)

(1) このアイスクリームはスーさんのです。 (2) このピザはトムさんのです。 (3) このパンはたろうさんのです。 (4) このトマトはゆみさんのです。 (5) このケーキはようこさんのです。 (6) このコーヒーはクリスさんのです。 (7) この水はけんさんのです。 (8) この牛乳はまりさんのです。

Ⅳ-A. (p. 241)

1. 月曜日にピアノを練習するつもりです。 2. 火曜日に運動するつもりです。 3. 水曜日に洗濯するつもりです。 4. 木曜日に友だちに手紙を書くつもりです。 5. 木曜日に出かけないつもりで

す。 6. 金曜日に友だちと晩ご飯を食べるつもりです。 7. 金曜日に日本語を勉強しないつもりです。 8. 土曜日に友だちのうちに泊まるつもりです。 9. 土曜日に家に帰らないつもりです。 10. 日曜日に部屋を掃除するつもりです。 11. 日曜日に早く起きないつもりです。

V-A. (p. 242)

(1) 眠くなりました。 (2) 元気になりました。 (3) 大きくなりました。 (4) 髪が短くなりました。 (5) ひまになりました。 (6) 暑くなりました。 (7) 涼しくなりました。 (8) 医者になりました。 (9) 春になりました。 (10) お金持ちになりました。

Ⅵ-A. (p. 244)

1. はい、お茶とコーヒーを飲みました。 2. いいえ、何も飲みませんでした。 3. はい、大阪に行きました。 4. いいえ、どこにも行きませんでした。 5. はい、ロバートさんに会いました。 6. いいえ、だれにも会いませんでした。 7. はい、映画を見ました。 8. いいえ、何もしませんでした。

Ⅶ-A. (p. 245)

(1) うちから学校までバスで行きます。 (2) うちからバス停まで歩いて行きます。 (3) うちから会社まで車で行きます。 (4) 横浜から東京まで電車で行きます。 (5) 会社からデパートまで地下鉄で行きます。 (6) 名古屋から東京まで新幹線で行きます。 (7) 日本からハワイまで飛行機で行きます。 (8) 日本からインドネシアまで船で行きます。

Ⅶ-B. (p. 245)

(1) うちから学校まで四十分かかります。 (2) うちからバス停まで二十分かかります。 (3) うちから会社まで一時間かかります。 (4) 横浜から東京まで三十分かかります。 (5) 会社からデパートまで十五分かかります。 (6) 名古屋から東京まで二時間かかります。 (7) 日本からハワイまで

八時間かかります。　(8) 日本からインドネシアまで一週間かかります。

会話・文法編　第11課

Ⅰ-A.　(p. 259)

1. 湖に行きたいです。　2. 日本語を練習したいです。　3. 温泉に行きたいです。　4. ゆっくり休みたくないです。　5. 会社の社長になりたくないです。　6. 日本で働きたいです。　7. 車を買いたいです。　8. 日本に住みたくないです。　9. 留学したいです。　10. 山に登りたくないです。

Ⅰ-C.　(p. 259)

1. 子供の時、テレビを見たかったです。　2. 子供の時、飛行機に乗りたかったです。　3. 子供の時、ゲームをしたくなかったです。　4. 子供の時、犬を飼いたかったです。　5. 子供の時、学校をやめたくなかったです。　6. 子供の時、お祭りに行きたかったです。　7. 子供の時、ピアノを習いたくなかったです。　8. 子供の時、車を運転したかったです。　9. 子供の時、有名になりたかったです。　10. 子供の時、ミッキー・マウスに会いたかったです。

Ⅱ-A.　(p. 261)

1. たけしさんはキャンプに行ったり、ドライブに行ったりしました。　2. きょうこさんはお菓子を作ったり、家でゲームをしたりしました。　3. スーさんは大阪に遊びに行ったり、食べに行ったりしました。　4. けんさんは部屋を掃除したり、洗濯したりしました。　5. ロバートさんは友だちに会ったり、映画を見たりしました。　6. 山下先生は温泉に行ったり、休んだりしました。

Ⅲ-A.　(p. 262)

1. すしを食べたことがあります。　2. フランス語を勉強したことがあります。　3. レストランで働いたことがあります。　4. 広島に行ったことがありません。　5. ラブレターを書いたことがありません。　6. 授業で寝たことがあります。　7. 富士山に登ったことがあります。　8. 日本で車を運転したことがありません。　9. 日本の映画を見たことがありません。　10. 神社に行ったことがありません。

会話・文法編　第12課

Ⅰ-A.　(p. 276)

(1) 彼から電話があったんです。　(2) プレゼントをもらったんです。　(3) あしたは休みなんです。　(4) きのうは誕生日だったんです。　(5) テストが難しくなかったんです。　(6) のどが痛いんです。　(7) かぜをひいたんです。　(8) 切符をなくしたんです。　(9) あしたテストがあるんです。　(10) せきが出るんです。　(11) 彼女と別れたんです。　(12) お手洗いに行きたいんです。

Ⅰ-B.　(p. 277)

(1) 友だちにもらったんです。　(2) イタリアのなんです。　(3) 私が作ったんです。　(4) 安かったんです。　(5) 親切なんです。

Ⅱ-A.　(p. 278)

(1) 食べすぎました。　(2) 飲みすぎました。　(3) テレビを見すぎました。　(4) 買いすぎました。　(5) この服は大きすぎます。　(6) このテストは難しすぎます。　(7) このセーターは高すぎます。　(8) このお風呂は熱すぎます。　(9) この宿題は多すぎます。　(10) この犬は元気すぎます。

Ⅲ-A.　(p. 280)

1. 早く寝たほうがいいですよ。　2. 遊びに行かないほうがいいですよ。　3. 病院に行ったほうがいいですよ。　4. 仕事を休んだほうがいいですよ。　5. うちに帰ったほうがいいですよ。　6. 運動しないほうがいいですよ。

Ⅳ-A.　(p. 281)

1. 安いので、買います。　2. あの映画はおもしろくないので、見たくないです。　3. 今週は忙しかったので、疲れています。　4. 病気だったので、授業を休みました。　5. 彼女はいつも親切なの

で、人気があります。 6.政治に興味がないので、新聞を読みません。 7.あしたテストがあるので、勉強します。 8.のどがかわいたので、ジュースが飲みたいです。 9.歩きすぎたので、足が痛いです。

V-A. (p. 282)

1.八時にうちを出なければいけません。 2.九時に授業に出なければいけません。 3.一時に山下先生に会わなければいけません。 4.二時に英語を教えなければいけません。 5.三時に図書館に行って、本を借りなければいけません。 6.五時にうちに帰らなければいけません。 7.六時にホストファミリーと晩ご飯を食べなければいけません。 8.八時に宿題をしなければいけません。 9.九時にシャワーを浴びなければいけません。 10.十時に薬を飲まなければいけません。 11.十一時に家族に電話をかけなければいけません。

V-C. (p. 282)

(1)八時にうちを出なきゃいけない。 (2)九時に授業に出なきゃいけない。 (3)一時に山下先生に会わなきゃいけない。 (4)二時に英語を教えなきゃいけない。 (5)三時に図書館に行って、本を借りなきゃいけない。 (6)五時にうちに帰らなきゃいけない。 (7)六時にホストファミリーと晩ご飯を食べなきゃいけない。 (8)八時に宿題をしなきゃいけない。 (9)九時にシャワーを浴びなきゃいけない。 (10)十時に薬を飲まなきゃいけない。 (11)十一時に家族に電話をかけなきゃいけない。

VI-A. (p. 283)

1.カイロはあしたくもりでしょう。涼しいでしょう。気温は十八度ぐらいでしょう。 2.シドニーはあした晴れでしょう。暑いでしょう。気温は三十度ぐらいでしょう。 3.モスクワはあした雪でしょう。寒いでしょう。気温はマイナス十度ぐらいでしょう。 4.ローマはあした雨でしょう。暖かいでしょう。気温は二十度ぐらいでしょう。 5.ロサンゼルスはあした晴れでしょう。

暖かいでしょう。気温は二十五度ぐらいでしょう。

▶ 読み書き編

読み書き編 第1課

I. (p. 290)

A. 1.よ 2.ほ 3.め 4.す 5.き 6.ち 7.た 8.ろ 9.え

B. 1. Tanaka 2. Yamamoto 3. Sakuma 4. Takahashi 5. Morikawa 6. Kumamoto 7. Okayama 8. Morioka 9. Yokohama 10. Mito

C. 1.ほ,は 2.む,す 3.き 4.し,つ 5.あ,お

D. 〔解答例〕 1.る、ろ、え、そ、ね、み、れ、わ 2.ま、よ、は、ほ 3.ま、き、ほ、も 4.け、は、ほ、い、に、ゆ 5.う、お、ふ、え、む、ら、か、や

E. 1.いちご 2.だんご 3.ざぶとん 4.がいこくじん 5.たんぽぽ 6.がんぺき

F. 1.しゃしん 2.どくしょ 3.きょり 4.ひやす 5.ちゃいろ 6.おんなのひと 7.きって 8.もっと

H. 1.でんわ 2.えいご 3.にほん 4.なまえ 5.せんせい 6.だいがく

II. (p. 292)

1.たなか ゆうこ 2.やまだ まこと 3.きたの ひろみ 4.れきし（歴史）

読み書き編 第2課

I. (p. 294)

A. 1.オ 2.ヌ 3.サ 4.シ 5.ク 6.マ 7.ル 8.ホ 9.ユ

B. 1. (c) 2. (d) 3. (i) 4. (f) 5. (h) 6. (a) 7. (k) 8. (j) 9. (g) 10. (l) 11. (e) 12. (b)

C. 1.クアラルンプール 2.アムステルダム 3.ワシントンDC 4.カイロ 5.キャンベラ 6.ストックホルム 7.ニューデリー 8.ブエノスアイレス 9.オタワ

D.

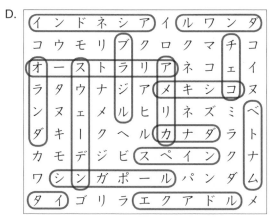

E. 1. ノート　2. ペン　3. メニュー　4. ジーンズ

Ⅲ. (p. 297)

1. (c)　2. (e)　3. (a)　4. (g)

読み書き編 第3課

Ⅰ. (p. 300)

A. 1. ¥650　2. ¥1,800　3. ¥714,000
4. ¥123,000　5. ¥39,000,000

B. 1. 三十円　2. 百四十円　3. 二百五十一円　4.
六千七十円　5. 八千百九十円　6. 四万二千五百
円　7. 十六万八千円　8. 三百二十万円　9. 五千
七百万円

Ⅱ. (p. 301)

7:00	get up
(8:00)	go to the university
9:00	study Japanese
(12:30)	eat lunch
4:00	read books at the library
6:00	get back home
(10:00)	watch TV
(12:00)	go to bed

読み書き編 第4課

Ⅰ. (p. 304)

A. 1. Wednesday　2. Friday　3. Sunday
4. Monday　5. Saturday　6. Thursday　7. Tuesday

B. 1. 中　2. 上　3. 下

Ⅱ. (p. 304)

1. ともだちとだいがくでべんきょうします。　2.
いいえ、たべません。　3. 九時半ごろかえります。

Ⅲ. (p. 305)

(c) → (b) → (d) → (e) → (a)

読み書き編 第5課

Ⅰ. (p. 308)

A. 1. 飲　2. 飲　3. 私　4. 元, 今, 行, 三, 土, 時,
金, 半　5. 男　6. 気　7. 金, 今, 食, 飲　8. 食　9.
気　10. 男

B. 1. (f)　2. (e)　3. (b)　4. (d)　5. (c)　6. (a)　7.
(g)

C. 1. (c)　2. (g)　3. (h)　4. (k)　5. (a)　6. (i)　7.
(e)　8. (j)　9. (b)　10. (d)　11. (f)

Ⅱ. (p. 309)

A. 1. coffee　2. concert　3. Vienna　4. cafe　5.
classical　6. cake

B. 1. ○　2. ×　3. ○　4. ×　5. ○　6. ×

C. 1. おきなわにいます。　2. あついですが、い
い天気です。　3. ともだちといっしょにうみでお
よぎました。　4. 山に行きました。日本人の男の
人とメキシコ人の女の人と行きました。

読み書き編 第6課

Ⅰ. (p. 314)

A. 天気, 先生, 学生, 大学, 今日

B. 1. d　2. f　3. e　4. a　5. b

Ⅱ. (p. 314)

1. Mr./Ms. Yamada　2. At Professor Yamashita's
house. You should bring some drinks.　3. Go out the
No. 3 exit of the West station and walk to the left for
three minutes.　4. You can stay with a Japanese family
in Tohoku.

Ⅲ. (p. 316)

A. c

B. ピザ，アイスクリーム，ワイン

C. 1. ちいさい　2. やすい　3. おもしろい　4. き
ます。

読み書き編　第7課

I. (p. 320)

A. 1. 文,校,父　2. 毎,母　3. 人,入　4. 京,高

B. 1. 帰　2. 社　3. 会　4. 京,高,語

C. (Kanji words of this lesson) 東京　高校　学校
毎日　日本語　会社　文学　(Review words) 先生
外国人　元気　天気　出口　中国

帰	父	文	学	山	西
行	食	高	校	女	田
東	会	出	口	毎	日
京	社	母	天	時	本
右	中	元	気	先	語
外	国	人	左	生	男

Ⅱ. (p. 321)

1. すこしさむいです。　2. 小さくて、しずかです。
3. 会社につとめています。いそがしくて、毎日お
そく帰ります。　4. とてもおもしろい人です。　5.
高校生です。よくべんきょうします。　6. 東京の
大学に行っています。　7. とてもおもしろいで
す。

読み書き編　第8課

I. (p. 325)

A. 1. 語,読　2. 私,校,新,休　3. 時,曜　4. 男,思
5. 行,作,仕,休,何　6. 右,京,高,語,員,言,何

B. 1. 読む　2. 聞く　3. する　4. 思う　5. 作る
6. のる　7. 休む

Ⅱ. (p. 325)

C. 1. 日本人の会社員はみんなとてもつかれてい
ると思いましたから。　2. (a) 9　(b) 3　(c) 5　(d)

6　(e) 7

読み書き編　第9課

I. (p. 330)

A. 1. 白,百　2. 小,少　3. 間,聞　4. 語,話

B. 1. 名前　2. 午前　3. 新しい　4. 天気,雨
5. 知って

Ⅱ. (p. 330)

A. (b) → (e) → (c) → (d) → (a)

B. 1. ○　2. ×　3. ×　4. ○　5. ○　6. ×

読み書き編　第10課

I. (p. 336)

A. 1. 正　2. 町　3. 雪　4. 朝　5. 道,自　6. 持
7. 買　8. 道

B. 1. 売る　2. 立つ　3. 長い　4. 朝

C. 1. 買いもの　2. 持っ　3. 売っ　4. 雪　5. 長か
ったです　6. 住ん　7. 立っていました

Ⅱ. (p. 337)

C. (b) → (d) → (c) → (e) → (a) → (f)

D. 1. ×　2. ○　3. ×　4. ○　5. ×　6. ×　7. ×
8. ○

読み書き編　第11課

I. (p. 342)

A. 紙,好,明,旅,歌,強,勉

B. (1) 手　(2) 近　(3) 名　(4) 病

Ⅱ. (p. 342)

C. 1. かおり　2. ゆうこ　3. ひろし　4. まつもと
あきら　5. ひろし

D. 1. テニスやサッカーをします。　2. フランス
文学です。　3. はたち（20さい）から25さいぐ
らいで、明るくて、やさしくて、たばこをすわな
い人が好きです。　4. うんてんします。　5. 歌手
になりたいと思っています。

E. 1. 一月に来ました。　2. 山にのぼったり、つ

りをしたりするのが好きです。 3. 古いおてらや
じんじゃや有名なまつりを見に行きたいと思って
います。

読み書き編 第12課
（よ か へん だい か）

I. (p. 348)

A. 1. 早 (early) 2. 起 (to get up) 3. 使 (to use) 4.
別 (to separate) 5. 赤 (red) 6. 青 (blue) 7. 色
(color) 8. 牛 (cow)

B. 1. 々 2. 神 3. 働 4. 度

C. 1. 使,働 2. 連 3. 別

II. (p. 348)

C. 1. とてもまじめな人です。毎日、朝早く起き
てはたをおっていました 2. まじめな人です。牛
を使って、はたけで働いていました。 3. 二人が
ぜんぜん働かなかったからです。 4. 天（あま）
の川のむこうに行って、ひこぼしに会います。
5. ねがいがかなうからです。

げんき Ⅱ テキスト・解答

▶ 会話・文法編

会話・文法編　第13課

I-A. (p. 37)

1. はなせる　2. できる　3. いける　4. ねられる
5. こられる　6. みられる　7. やめられる　8. かりられる　9. のめる　10. まてる　11. およげる
12. はたらける　13. あめる

I-B. (p. 37)

(1) メアリーさんは日本語の歌が歌えます。　(2) メアリーさんはバイオリンが弾けます。　(3) メアリーさんは空手ができます。　(4) メアリーさんはすしが食べられます。　(5) メアリーさんは料理ができます。　(6) メアリーさんは日本語で電話がかけられます。　(7) メアリーさんは車が運転できます。　(8) メアリーさんはセーターが編めます。　(9) メアリーさんは日本語で手紙が書けます。　(10) メアリーさんは朝早く起きられます。
(11) メアリーさんは熱いお風呂に入れます。

I-F. (p. 39)

1. いいえ、辛すぎて食べられませんでした。　2. いいえ、難しすぎてできませんでした。　3. いいえ、熱すぎて入れませんでした。　4. いいえ、忙しすぎて出かけられませんでした。　5. いいえ、多すぎて覚えられませんでした。　6. いいえ、寒すぎて泳げませんでした。

II-A. (p. 39)

1. 試験があるし、宿題がたくさんあるし、忙しいです。　2. 会社に近いし、静かだし、いいです。
3. 先生は厳しいし、長いレポートを書かなきゃいけないし、取りません。　4. 食べ物がおいしくなかったし、言葉がわからなかったし、楽しくなかったです。　5. かぜをひいているし、きのうもパ

ーティーに行ったし、行きません。　6. 漢字が読めないし、文法がわからないし、読めません。
7. 日本語が話せるし、もう大人だし、できます。
8. うそをつくし、約束を守らないし、好きじゃないです。

III-A. (p. 41)

(1) このケーキは甘そうです。　(2) このカレーは辛そうです。　(3) この服は古そうです。　(4) この先生は厳しそうです。　(5) この時計は新しそうです。　(6) このやくざはこわそうです。　(7) この男の人はさびしそうです。　(8) この女の人はうれしそうです。　(9) このおじいさんは元気そうです。　(10) このおばあさんはいじわるそうです。
(11) この女の人は親切そうです。　(12) この弁護士は頭がよさそうです。　(13) この学生は眠そうです。　(14) このセーターは暖かそうです。　(15) この子供は悲しそうです。

III-B. (p. 42)

(1) 甘そうなケーキです。　(2) 辛そうなカレーです。　(3) 古そうな服です。　(4) 厳しそうな先生です。　(5) 新しそうな時計です。　(6) こわそうなやくざです。　(7) さびしそうな男の人です。　(8) うれしそうな女の人です。　(9) 元気そうなおじいさんです。　(10) いじわるそうなおばあさんです。　(11) 親切そうな女の人です。　(12) 頭がよさそうな弁護士です。　(13) 眠そうな学生です。
(14) 暖かそうなセーターです。　(15) 悲しそうな子供です。

IV-A. (p. 43)

1. じゃあ、取ってみます。　2. じゃあ、見てみます。　3. じゃあ、読んでみます。　4. じゃあ、食べてみます。　5. じゃあ、行ってみます。　6. じゃあ、聞いてみます。　7. じゃあ、使ってみます。

V-A. (p. 44)

1. 自転車なら乗れますが、バイクは乗れません。
2. オーストラリアなら行ったことがありますが、ニュージーランドは行ったことがありません。
3. テニスならしますが、ゴルフはしません。 4. 歴史なら興味がありますが、経済は興味がありません。 5. 友だちならいますが、彼女はいません。 6. 日曜日なら出かけられますが、土曜日は出かけられません。

VI-A. (p. 45)

(1) 一日に三回歯を磨きます。 (2) 一日に七時間寝ます。 (3) 一日に三時間勉強します。 (4) 一週間に一回部屋を掃除します。 (5) 一週間に二回洗濯します。 (6) 一週間に三日アルバイトをします。 (7) 一週間に五日学校に行きます。 (8) 一か月に一回映画を見に行きます。

会話・文法編 第14課

I-A. (p. 61)

1. お金がほしいです。 2. セーターがほしくないです。 3. パソコンがほしくないです。 4. バイクがほしいです。 5. ぬいぐるみがほしくないです。

I-B. (p. 61)

1. 子供の時、ゲームがほしかったです。 2. 子供の時、指輪がほしくなかったです。 3. 子供の時、時計がほしくなかったです。 4. 子供の時、おもちゃがほしかったです。 5. 子供の時、花がほしくなかったです。

II-A. (p. 63)

1. 女の人は会社員かもしれません。 2. 男の人は先生じゃないかもしれません。 3. 女の人はテニスが上手かもしれません。 4. 男の人は背が低くないかもしれません。 5. 今、寒くないかもしれません。 6. 女の人は今日テニスをするかもしれません。 7. 男の人と女の人は、今、駅にいないかもしれません。 8. 男の人は結婚しているかも

しれません。 9. 男の人と女の人は夫婦じゃないかもしれません。 10. 女の人は男の人に興味があるかもしれません。 11. 女の人はきのうテニスをしたかもしれません。

III-A. (p. 65)

(1) 母に本をあげます。 (2) 友だちにチョコレートをあげます。 (3) ルームメートにTシャツをあげます。 (4) 弟にぼうしをあげます。 (5) 先生に紅茶をあげます。

III-C. (p. 66)

(1) 両親がお金をくれました。／両親にお金をもらいました。 (2) おじいさんがラジオをくれました。／おじいさんにラジオをもらいました。 (3) おばあさんが手袋をくれました。／おばあさんに手袋をもらいました。 (4) 友だちがバイクをくれました。／友だちにバイクをもらいました。 (5) おじさんがビデオカメラをくれました。／おじさんにビデオカメラをもらいました。 (6) 兄が時計をくれました。／兄に時計をもらいました。

III-D. (p. 66)

(1) 私はディエゴさんにチョコレートをあげました。 (2) きょうこさんは私にぬいぐるみをくれました。／私はきょうこさんにぬいぐるみをもらいました。 (3) メアリーさんは私に手袋をくれました。／私はメアリーさんに手袋をもらいました。 (4) たけしさんはメアリーさんに花をあげました。／メアリーさんはたけしさんに花をもらいました。 (5) メアリーさんはたけしさんに靴をあげました。／たけしさんはメアリーさんに靴をもらいました。 (6) 私はたけしさんにまんがをあげました。 (7) ロバートさんはスーさんに本をあげました。／スーさんはロバートさんに本をもらいました。 (8) ロバートさんは私にセーターをくれました。／私はロバートさんにセーターをもらいました。 (9) ナオミさんはけんさんにネクタイをあげました。／けんさんはナオミさんにネクタイをもらいました。 (10) けんさんは私にみか

んをくれました。／私はけんさんにみかんをもらいました。

Ⅳ-A. (p. 68)

1. 先生に相談したらどうですか。 2. 会社に履歴書を送ったらどうですか。 3. パーティーに行ったらどうですか。 4. サークルに入ったらどうですか。 5. あきらめたらどうですか。 6. プロポーズしたらどうですか。 7. 彼女に指輪をあげたらどうですか。 8. 彼女の両親に会ったらどうですか。

Ⅴ-A. (p. 69)

1. 猫が二匹います。 2. 花が七本あります。 3. ネクタイが二本あります。 4. 本が六冊あります。 5. ラジオが一台あります。 6. ＤＶＤが五枚あります。 7. 雑誌が三冊あります。 8. えんぴつが三本あります。 9. グラスが二個あります。 10. 皿が三枚あります。

Ⅴ-B. (p. 69)

(1) メアリーさんはハンバーガーを一個しか食べませんでした。／ジョンさんはハンバーガーを四個も食べました。 (2) メアリーさんは本を一冊しか読みませんでした。／ジョンさんは本を六冊も読みました。 (3) メアリーさんはＤＶＤを五十枚も持っています。／ジョンさんはＤＶＤを二枚しか持っていません。 (4) メアリーさんはジュースを三本も飲みました。／ジョンさんはジュースを一本しか飲みませんでした。 (5) メアリーさんは十一時間も寝ます。／ジョンさんは五時間しか寝ません。

会話・文法編 第15課

Ⅰ-A. (p. 84)

1. たべよう 2. さそおう 3. かりよう 4. よもう 5. こよう 6. まとう 7. はいろう 8. いそごう 9. はなそう 10. みよう 11. かこう 12. よやくしよう

Ⅰ-B. (p. 84)

(1) 図書館で雑誌を読もう（か）。 (2) 町で映画を見よう（か）。 (3) 学校で写真を撮ろう（か）。 (4) プールで泳ごう（か）。 (5) マクドナルドでハンバーガーを買おう（か）。 (6) クラブで踊ろう（か）。 (7) 長野で山に登ろう（か）。 (8) 公園でバーベキューをしよう（か）。

Ⅱ-A. (p. 86)

1. きょうこさんは運動しようと思っています。 2. 山下先生はたばこをやめようと思っています。 3. ともこさんはダイエットをしようと思っています。 4. ジョンさんは朝早く起きようと思っています。 5. ロバートさんは一日中日本語を練習しようと思っています。 6. たけしさんは野菜をもっと食べようと思っています。 7. スーさんは日本人の友だちをたくさん作ろうと思っています。 8. けんさんは仕事を探そうと思っています。

Ⅲ-A. (p. 87)

1. メアリーさんは水と食べ物を買っておきます。 2. スーさんはお金をおろしておきます。 3. ロバートさんはお金を借りておきます。 4. 山下先生はうちを売っておきます。 5. たけしさんのお母さんは保険に入っておきます。 6. ともこさんは大きい家具を捨てておきます。 7. たけしさんはたくさん食べておきます。

Ⅳ-A. (p. 88)

(1) スペイン語が話せる友だち (2) 彼女にもらった時計 (3) 去年中国に行った友だち (4) 毎日使うかばん (5) 時々行く喫茶店 (6) 先週見たお寺 (7) ハワイで買ったＴシャツ (8) 今住んでいる家

Ⅳ-B. (p. 89)

(1) これはピカソがかいた絵です。 (2) これはベートーベンが弾いたピアノです。 (3) これはマイケル・ジャクソンが着ていたジャケットです。 (4) これはチェ・ゲバラが乗ったバイクです。 (5) これはガンジーが書いた手紙です。 (6) これはクロサワが作った映画です。 (7) これはベルが

作った電話です。 (8) これは毛沢東がかぶっていたぼうしです。

Ⅳ-D. (p. 90)

1. 妹が作った料理はおいしくないです。 2. 温泉がある旅館に泊まりたいです。 3. 料理ができない人と結婚したくないです。 4. アメリカで勉強したことがある学生を知っていますか。 5. 日本の習慣についてよく知っている外国人を探しています。 6. 去年の夏に会った人にもう一度会いたいです。 7. よくしゃべる人とルームメートになりたくないです。

会話・文法編 第16課

Ⅰ-A. (p. 108)

1. 宿題を手伝ってあげました。 2. レポートを直してあげました。 3. 花を買ってあげました。 4. 病院に連れていってあげました。 5. 洗濯してあげました。 6. 部屋を掃除してあげました。 7. ノートを貸してあげました。 8. 先生にメールを送ってあげました。 9. 銀行に行って、お金をおろしてあげました。 10. 皿を洗ってあげました。

Ⅰ-C. (p. 109)

1. お母さんが部屋を掃除してくれました。／お母さんに部屋を掃除してもらいました。 2. お母さんが洗濯してくれました。／お母さんに洗濯してもらいました。 3. お母さんがアイロンをかけてくれました。／お母さんにアイロンをかけてもらいました。 4. お母さんが迎えに来てくれました。／お母さんに迎えに来てもらいました。 5. 友だちがコーヒーをおごってくれました。／友だちにコーヒーをおごってもらいました。 6. 友だちが京都に連れていってくれました。／友だちに京都に連れていってもらいました。 7. 友だちがセーターを編んでくれました。／友だちにセーターを編んでもらいました。 8. 友だちが家族の写真を見せてくれました。／友だちに家族の写真を見せてもらいました。 9. 知らない人が案内してくれました。／知らない人に案内してもらいまし

た。 10. 知らない人が道を教えてくれました。／知らない人に道を教えてもらいました。 11. 知らない人が荷物を持ってくれました。／知らない人に荷物を持ってもらいました。 12. 知らない人が百円貸してくれました。／知らない人に百円貸してもらいました。

Ⅰ-E. (p. 110)

(1) お父さんが美術館へ連れていってくれました。／お父さんに美術館へ連れていってもらいました。 (2) お父さんがアイスクリームを買ってくれました。／お父さんにアイスクリームを買ってもらいました。 (3) ホストファミリーに家族の写真を見せてあげました。 (4) お母さんがかさを貸してくれました。／お母さんにかさを貸してもらいました。 (5) ゆみさんに英語を教えてあげました。

Ⅱ-A. (p. 112)

1. ノートを貸してくれない？ 2. 本を返してくれない？ 3. 友だちを紹介してくれない？ 4. 今晩電話してくれない？ 5. 六時に起こしてくれませんか。 6. 駅に迎えに来てくれませんか。 7. お弁当を作ってくれませんか。 8. 宿題を手伝ってくれませんか。 9. 文法を説明していただけませんか。 10. 推薦状を書いていただけませんか。 11. 英語に訳していただけませんか。 12. 作文を直していただけませんか。

Ⅲ-A. (p. 113)

1. いい天気だといいですね。 2. 寒くないといいですね。 3. 楽しいといいですね。 4. 大学院に入れるといいですね。 5. 奨学金がもらえるといいですね。 6. いい研究ができるといいですね。 7. 先生が宿題を集めないといいですね。 8. 先生が授業に来ないといいですね。 9. 台風が来て、今日授業がないといいですね。

Ⅳ-A. (p. 114)

(1) 眠い時、コーヒーを飲みます。 (2) わからない時、人に聞きます。 (3) 日本語で手紙を書いた

時、先生に見てもらいます。 (4) ホームシックの時、両親に電話をかけます。 (5) 友だちの家に行く時、ケーキを買います。 (6) ひまな時、テレビを見ます。 (7) おいしいピザが食べたい時、レストランに行きます。 (8) 朝寝坊した時、タクシーに乗ります。

Ⅳ-B. (p. 115)

1. 友だちが来た時、私の町を案内します。 2. さびしい時、友だちに電話をします。 3. 電車に乗る時、切符を買います。 4. 写真を撮る時、「チーズ」と言います。 5. ひまな時、料理をします。 6. ディズニーランドに行った時、ミッキー・マウスのぬいぐるみを買いました。 7. ホームシックの時、泣きます。 8. かぜをひいた時、病院に行きます。

Ⅴ-A. (p. 116)

1. 授業中に話してすみませんでした。 2. 授業中に寝てすみませんでした。 3. 遅刻してすみませんでした。 4. 教科書を持ってこなくてすみませんでした。 5. 夜遅く電話してごめん。 6. 約束を守らなくてごめん。 7. パーティーに行かなくてごめん。 8. 迎えに行けなくてごめん。

Ⅴ-B. (p. 116)

1. 授業に来られなくてすみませんでした。 2. 起こしてごめん。 3. 誕生日を忘れてごめん。 4. 笑ってごめん。 5. うそをついてごめん。 6. 借りた本をなくしてすみませんでした。

会話・文法編 第17課

Ⅰ-A. (p. 129)

1. きのうは暖かかったそうです。 2. きのう京都に行って、友だちに会ったそうです。 3. 友だちは大学院の学生だそうです。 4. 友だちは元気だったそうです。 5. 友だちと映画を見に行ったそうです。 6. 映画館は込んでいたそうです。 7. 映画はあまりおもしろくなかったそうです。 8. その後、一緒に買い物をしたそうです。 9. 何も

買わなかったそうです。 10. きのうはぜんぜん英語を話さなかったそうです。

Ⅱ-A. (p. 130)

1. 今晩勉強しなきゃいけないって。 2. トムさんときょうこさんは付き合っているって。 3. きのうの夜、三時間しか寝なかったって。 4. 佐藤さんは離婚したって。 5. アルバイトをやめたって。 6. 六月にイギリスに帰らなきゃいけないって。 7. 日本は危なくないって。

Ⅲ-A. (p. 131)

1. 友だちがたくさんできたら、うれしいです。 2. 成績がよかったら、うれしいです。 3. 日本に行けたら、うれしいです。 4. 学校が休みだったら、うれしいです。 5. 宿題がなかったら、うれしいです。 6. プレゼントをもらったら、うれしいです。 7. 物価が安かったら、うれしいです。 8. いい天気だったら、うれしいです。 9. 弁護士になれたら、うれしいです。 10. 先生がやさしかったら、うれしいです。

Ⅲ-B. (p. 131)

1. e (太ったら、ダイエットをしなきゃいけません。) 2. g (動物園に行ったら、パンダが見られます。) 3. b (宿題が終わらなかったら、どこにも行けません。) 4. i (寒かったら、ヒーターをつけたほうがいいですよ。) 5. c (カメラが高くなかったら、買おうと思っています。) 6. f (友だちが病気だったら、薬を買ってきてあげます。) 7. a (部屋がきれいじゃなかったら、掃除します。) 8. h (お客さんが来たら、お茶をいれてください。)

Ⅳ-A. (p. 132)

1. ジョンさんは単語を覚えなくてもいいです。 2. ジョンさんは漢字を練習しなくてもいいです。 3. ジョンさんは日本語を話さなくてもいいです。 4. ジョンさんは朝早く起きなくてもいいです。 5. ジョンさんは学校に行かなくてもいいです。 6. ジョンさんは皿を洗わなくてもいいです。 7. ジョンさんは洗濯しなくてもいいです。 8. ジョ

ンさんは料理しなくてもいいです。　9. ジョンさんは自分の部屋を掃除しなくてもいいです。　10. ジョンさんは早く帰らなくてもいいです。

V-A. (p. 134)

(1) 紙みたいですね。　(2) スプーンみたいですね。　(3) ブーツみたいですね。　(4) 女みたいですね。　(5) ぬいぐるみみたいですね。　(6) 猫みたいですね。　(7) バットマンみたいですね。　(8) マイケル・ジャクソンみたいですね。

VI-A. (p. 136)

(1) 靴を脱いでから、部屋に入ります。　(2) 歯を磨いてから、髪をとかします。　(3) ひげをそってから、顔を洗います。　(4) コンタクトを入れてから、化粧をします。　(5) かぎをかけてから、出かけます。　(6) お湯を沸かしてから、お茶をいれます。　(7) お祈りしてから、寝ます。

VI-B. (p. 137)

(1) 部屋に入る前に、靴を脱ぎます。　(2) 髪をとかす前に、歯を磨きます。　(3) 顔を洗う前に、ひげをそります。　(4) 化粧をする前に、コンタクトを入れます。　(5) 出かける前に、かぎをかけます。　(6) お茶をいれる前に、お湯を沸かします。　(7) 寝る前に、お祈りします。

会話・文法編 第18課

I-A. (p. 150)

1. (a) ドアを閉めます。 (b) ドアが閉まります。 2. (a) 電気をつけます。 (b) 電気がつきます。　3. (a) ろうそくを消します。 (b) ろうそくが消えます。 4. (a) 服を汚します。 (b) 服が汚れます。 5. (a) おもちゃを壊します。 (b) おもちゃが壊れます。 6. (a) 犬を入れます。 (b) 犬が入ります。 7. (a) 猫を出します。 (b) 猫が出ます。 8. (a) グラスを落とします。 (b) グラスが落ちます。 9. (a) お湯を沸かします。 (b) お湯が沸きます。

I-C. (p. 151)

(1) 銀行が開いています。　(2) 喫茶店が閉まって

います。　(3) エアコンがついています。　(4) テレビが消えています。　(5) 虫が入っています。　(6) 車が壊れています。　(7) シャツが汚れています。 (8) お金が落ちています。　(9) お湯が沸いています。

II-A. (p. 153)

1. もう宿題をしてしまいました。　2. もうレポートを書いてしまいました。　3. もう本を読んでしまいました。　4. もう部屋を片付けてしまいました。　5. もう洗濯してしまいました。　6. もう映画を見てしまいました。

II-B. (p. 153)

1. 友だちにパソコンを借りたんですが、壊してしまいました。　2. 給料をもらったんですが、全部使ってしまいました。　3. 急いでいたので、ころんでしまいました。　4. きのう寒かったので、かぜをひいてしまいました。　5. きのうあまり寝なかったので、授業中に寝てしまいました。　6. ゆみさんが好きだったんですが、ゆみさんは結婚してしまいました。　7. 今日までに家賃を払わなきゃいけなかったんですが、忘れてしまいました。 8. 朝寝坊したので、電車に乗り遅れてしまいました。

II-C. (p. 154)

(1) 実はシャンプーを使っちゃった。　(2) 実は日記を読んじゃった。　(3) 実は雑誌を捨てちゃった。　(4) 実はカメラを壊しちゃった。　(5) 実は留守番電話を聞いちゃった。　(6) 実はセーターを汚しちゃった。

III-A. (p. 155)

1. c（電気をつけると明るくなります。）　2. g（お酒を飲みすぎると気分が悪くなります。）　3. a（日本語を話さないと日本語が上手になりません。）　4. f（家族から手紙が来ないと悲しくなります。）　5. b（暗い所で本を読むと目が疲れます。）　6. d（春になると花が咲きます。）

Ⅳ-A. (p. 157)

(1) 音楽を聞きながら歯を磨きます。／歯を磨きながら音楽を聞きます。 (2) 新聞を読みながら朝ご飯を食べます。／朝ご飯を食べながら新聞を読みます。 (3) 歌を歌いながら皿を洗います。／皿を洗いながら歌を歌います。 (4) 留守番電話を聞きながら服を脱ぎます。／服を脱ぎながら留守番電話を聞きます。 (5) 友だちと話しながらご飯を食べます。／ご飯を食べながら友だちと話します。 (6) 歩きながら電話します。／電話しながら歩きます。 (7) ポップコーンを食べながら映画を見ます。／映画を見ながらポップコーンを食べます。

Ⅴ-A. (p. 158)

1. よめば 2. くれば 3. みれば 4. はなせば 5. すれば 6. つかえば 7. あそべば 8. おきれば 9. こなければ 10. たべなければ 11. きかなければ 12. つかわなければ 13. しなければ

Ⅴ-B. (p. 158)

(1) 勉強すればよかったです。 (2) 歯を磨けばよかったです。 (3) ホテルを予約すればよかったです。 (4) シャワーを浴びればよかったです。 (5) 友だちを作ればよかったです。 (6) 食べすぎなければよかったです。 (7) 買いすぎなければよかったです。 (8) 夜遅くテレビを見なければよかったです。

会話・文法編 第19課

Ⅰ-A. (p. 174)

(a) 1. 召し上がる 2. おっしゃる 3. いらっしゃる 4. なさる 5. お休みになる 6. いらっしゃる 7. ご覧になる 8. 召し上がる 9. 住んでいらっしゃる 10. 読んでいらっしゃる 11. くださる

(b) 1. おわかりになる 2. お調べになる 3. お読みになる 4. お聞きになる 5. お座りになる 6. お立ちになる 7. お乗りになる 8. お入りになる 9. お待ちになる

Ⅰ-B. (p. 174)

(1) 山下先生はバスにお乗りになります。 (2) 山下先生は大学にいらっしゃいます。 (3) 山下先生は電話をおかけになります。 (4) 山下先生は昼ご飯を召し上がります。 (5) 山下先生はパソコンをお使いになります。 (6) 山下先生は家にお帰りになります。 (7) 山下先生は料理をなさいます。 (8) 山下先生はテレビをご覧になります。 (9) 山下先生は本をお読みになります。 (10) 山下先生はお休みになります。

Ⅰ-C. (p. 175)

1. お名前は何とおっしゃいますか。 2. どちらに住んでいらっしゃいますか。 3. どんな音楽をよくお聞きになりますか。 4. 車を持っていらっしゃいますか。 5. ご兄弟／お子さんがいらっしゃいますか。 6. 週末、よく何をなさいますか。 7. 週末、どちらへよくいらっしゃいますか。 8. きのう何を召し上がりましたか。 9. 外国にいらっしゃったことがありますか。 10. どんな外国語をお話しになりますか。 11. 最近、映画をご覧になりましたか。 12. 毎日、何時ごろお休みになりますか。 13. 日本の歌を知っていらっしゃいますか。 14. ペットを飼っていらっしゃいますか。 15. どんなスポーツをなさいますか。 16. お酒を召し上がりますか。 17. 結婚していらっしゃいますか。 18. 有名人にお会いになったことがありますか。 19. なぜ日本語を勉強していらっしゃるんですか。

Ⅱ. (p. 176)

(1) f (2) h (3) c (4) g (5) a (6) i (7) b (8) e (9) d

Ⅲ-A. (p. 177)

1. ノートを見せてくれてありがとう。 2. うちまで送ってくれてありがとう。 3. 宿題を手伝ってくれてありがとう。 4. 部屋を片付けてくれてありがとう。 5. 昼ご飯をおごってくれてありがとう。 6. 推薦状を書いてくださってありがとうございました。 7. 宿題の間違いを直してくださっ

てありがとうございました。 8. パーティーに招待してくださってありがとうございました。 9. 日本の文化を教えてくださってありがとうございました。 10. 辞書を貸してくださってありがとうございました。

Ⅳ-A. (p. 178)

1. 財布が見つかってよかったです。 2. 敬語を習ってよかったです。 3. 日本語の勉強をやめなくてよかったです。 4. 友だちに手伝ってもらってよかったです。 5. 授業をサボらなくてよかったです。 6. この大学を選んでよかったです。 7. 授業に遅れなくてよかったです。 8. 早くレポートを書いてしまってよかったです。 9. いろいろな人と知り合えてよかったです。 10. 新しいアパートに引っ越してよかったです。

Ⅴ-A. (p. 179)

1. ええ。コンピューターの会社に勤めているから、コンピューターが使えるはずです。 2. ええ。大きい家に住んでいるから、お金持ちのはずです。 3. いいえ。ベジタリアンだから、肉を食べないはずです。 4. ええ。性格がいいから、女の人にもてるはずです。 5. いいえ。まじめな学生だから、授業をサボらないはずです。 6. ええ。中国に一年留学していたから、中国語が話せるはずです。 7. ええ。テニスのサークルに入っているから、テニスが上手なはずです。 8. ええ。一人で住んでいるから、自分で洗濯や掃除をするはずです。

Ⅴ-D. (p. 180)

1. 十時のバスに乗るはずでしたが、乗り遅れてしまいました。 2. 天気予報によると晴れるはずでしたが、雨が降ってしまいました。 3. 奈良まで一時間しかかからないはずでしたが、三時間もかかってしまいました。 4. いいレストランに行くはずでしたが、道に迷ってしまいました。 5. デートは楽しいはずでしたが、メアリーさんは怒ってしまいました。

会話・文法編 第20課

Ⅰ-A. (p. 195)

1. いただきます 2. 申します 3. 参ります 4. いたします 5. おります 6. ございます 7. いただきます 8. あちらでございます

Ⅰ-B. (p. 195)

(1) c (2) b (3) e (4) a (5) f (6) d

Ⅰ-C. (p. 196)

1. お名前は何とおっしゃいますか。 2. いつ日本にいらっしゃいましたか。 3. どちらに住んでいらっしゃいますか。 4. ビールをよく召し上がりますか。 5. お姉さんがいらっしゃいますか。 6. 何かスポーツをなさいますか。 7. 毎日どのぐらい日本語を勉強なさいますか。 8. 毎日何時ごろ晩ご飯を召し上がりますか。 9. 先週の週末はどこかへいらっしゃいましたか。 10. 日本文学に興味がおありになりますか。

Ⅰ-D. (p. 196)

ビル・ブラウンと申します。トマス銀行から参りました。横浜支店に勤めております。どうぞよろしくお願いいたします。

Ⅱ-A. (p. 197)

1. お借りする 2. お返しする 3. お送りする 4. お持ちする 5. お取りする 6. お話しする 7. お読みする 8. お貸しする 9. いただく 10. さしあげる

Ⅱ-B. (p. 197)

(1) お取りしましょうか。 (2) お手伝いしましょうか。 (3) お送りしましょうか。 (4) お書きしましょうか。 (5) お撮りしましょうか。 (6) お貸ししましょうか。 (7) お調べしましょうか。

Ⅲ-A. (p. 199)

1. (a) たけしさんは朝ご飯を食べないで、大学に行きました。 (b) たけしさんは顔を洗わないで、大学に行きました。 (c) たけしさんは歯を磨かないで、大学に行きました。 2. (a) メアリー

さんは晩ご飯を食べないで、寝ました。 (b) メア
リーさんは宿題をしないで、寝ました。 (c) メア
リーさんはお風呂に入らないで、寝ました。 3.
(a) ジョンさんは天気予報を見ないで、出かけま
した。 (b) ジョンさんは財布を持たないで、出か
けました。 (c) ジョンさんはかぎをかけないで、
出かけました。

Ⅳ-A. (p. 200)

1. さあ、日本人かどうかわかりません。 2. さあ、
学生かどうかわかりません。 3. さあ、結婚して
いるかどうかわかりません。 4. さあ、子供がい
るかどうかわかりません。 5. さあ、外国語が話
せるかどうかわかりません。 6. さあ、名前は何
かわかりません。 7. さあ、何歳かわかりません。
8. さあ、仕事は何をしているかわかりません。
9. さあ、どこに住んでいるかわかりません。 10.
さあ、今日何を食べたかわかりません。 11. さ
あ、きのう何をしたかわかりません。 12. さあ、
どうやってここに来たかわかりません。

Ⅳ-B. (p. 201)

1. はやしさんは歌が上手かどうか知っています
か。 2. はやしさんはドイツ語が話せるかどうか
知っていますか。 3. はやしさんは政治に興味が
あるかどうか知っていますか。 4. はやしさんは
どこに住んでいるか知っていますか。 5. はやし
さんはどんな音楽が好きか知っていますか。 6.
はやしさんは今週の週末何をするか知っていま
すか。 7. はやしさんは何時に寝るか知っていま
すか。 8. はやしさんの趣味は何か知っています
か。

Ⅴ-A. (p. 202)

(1) まるいという会社 (2) カーサというレストラ
ン (3) あかしという町 (4) ポチという犬 (5)
「キッチン」という小説 (6) ラムネという飲み物

Ⅵ-A. (p. 203)

(1) ハンバーガーは食べやすいですが、魚は食べ
にくいです。 (2) ハイヒールは歩きにくいです

が、スニーカーは歩きやすいです。 (3) メアリー
さんのかばんは持ちやすいですが、たけしさんの
かばんは持ちにくいです。 (4) スーさんの話は
わかりやすいですが、けんさんの話はわかりに
くいです。 (5) 大きい辞書は使いにくいですが、
小さい辞書は使いやすいです。 (6) せまい道は運
転しにくいですが、広い道は運転しやすいです。
(7) スーさんの字は読みやすいですが、ロバート
さんの字は読みにくいです。

会話・文法編 第21課

Ⅰ-A. (p. 219)

1. 食べられる 2. やめられる 3. なくされる 4.
される 5. 捨てられる 6. 壊される 7. 見られ
る 8. 笑われる 9. うそをつかれる 10. 連れて
いかれる 11. ばかにされる 12. たばこを吸わ
れる 13. 立たれる 14. 来られる 15. 怒られる

Ⅰ-B. (p. 219)

(1) たけしさんはメアリーさんに笑われました。
(2) たけしさんは友だちに足を踏まれました。
(3) たけしさんはどろぼうに財布を盗まれました。
(4) たけしさんは友だちになぐられました。 (5)
たけしさんは赤ちゃんに泣かれました。 (6) たけ
しさんは雨に降られました。 (7) たけしさんは蚊
に刺されました。 (8) たけしさんは友だちにいじ
められました。 (9) たけしさんはおじさんに怒ら
れました。 (10) たけしさんはきょうこさんにふ
られました。 (11) たけしさんはちかんにさわら
れました。

Ⅱ-A. (p. 221)

(1) 電気が消してあります。 (2) エアコンがつけ
てあります。 (3) カーテンが開けてあります。
(4) 名前が書いてあります。 (5) 窓が閉めてあり
ます。 (6) プレゼントが包んであります。 (7) ポ
スターがはってあります。

Ⅲ-A. (p. 223)

1. 社長が着替えている間に、車にガソリンを入

れます。 2. 社長が喫茶店で朝ご飯を食べている間に、コンビニでお弁当を買います。 3. 社長が新聞を読んでいる間に、お弁当を食べます。 4. 社長が会議に出ている間に、昼寝をします。 5. 社長が工場を見に行っている間に、電話で友だちと話します。 6. 社長がパーティーで飲んでいる間に、車の中でコーヒーを飲みます。

Ⅳ-A. (p. 223)

1. 町をきれいにします。 2. 市民病院を新しくします。 3. 町を安全にします。 4. 環境をよくします。 5. 税金を安くします。 6. 学校の休みを長くします。 7. 道を広くします。 8. 町を有名にします。

Ⅴ-A. (p. 224)

1. お母さんに仕事をしてほしいです。 2. おばあさんに若いころの話をしてほしいです。 3. 友だちに日本語の勉強を続けてほしいです。 4. 友だちに遠い所に行かないでほしいです。 5. 同僚に夢をあきらめないでほしいです。 6. 先生にもっと学生をほめてほしいです。 7. 昔の彼に私を忘れてほしいです。 8. 昔の彼女に幸せになってほしいです。

会話・文法編 第22課

Ⅰ-A. (p. 240)

1. やめさせる 2. 働かせる 3. 飲ませる 4. 持たせる 5. あきらめさせる 6. 来させる 7. 考えさせる 8. 習わせる 9. 取らせる 10. 拾わせる 11. 帰らせる 12. 運ばせる 13. 持っていかせる 14. 練習させる

Ⅰ-B. (p. 240)

(a) (1) 後輩にお弁当を買いに行かせます。 (2) 後輩に荷物を運ばせます。 (3) 後輩に好きな人の電話番号を調べさせます。 (4) 後輩に車を運転させます。 (5) 後輩にボールを拾わせます。 (6) 後輩に宿題をさせます。
(b) (1) 部下にコピーを取らせます。 (2) 部下にお茶をいれさせます。 (3) 部下に残業させます。 (4) 部下に空港に迎えに来させます。 (5) 部下にお客さんを案内させます。 (6) 部下に安いホテルを探させます。

Ⅱ-A. (p. 243)

1. 子供の時、両親は夜遅くテレビを見させてくれませんでした。 2. 子供の時、両親は友だちの家に泊まらせてくれました。 3. 子供の時、両親はゲームをさせてくれました。 4. 子供の時、両親はお菓子をたくさん食べさせてくれませんでした。 5. 子供の時、両親は学校を休ませてくれませんでした。 6. 高校の時、両親は車の免許を取らせてくれました。 7. 高校の時、両親は友だちと旅行させてくれませんでした。 8. 高校の時、両親はアルバイトをさせてくれました。 9. 両親は自分が行きたい大学に行かせてくれました。

Ⅱ-D. (p. 244)

1. 私に出張に行かせてください。 2. 私にお客さんを案内させてください。 3. 私に書類を翻訳させてください。 4. 私にその仕事をやらせてください。 5. 私に次のプロジェクトの計画を立てさせてください。 6. 私にお嬢さんと結婚させてください。

Ⅲ-A. (p. 245)

1. 野菜を食べなさい。 2. 勉強しなさい。 3. 早く寝なさい。 4. ピアノを練習しなさい。 5. お風呂に入りなさい。 6. 遊びなさい。 7. 早くうちに帰りなさい。 8. 髪を切りなさい。

Ⅳ-A. (p. 245)

1. a（風が吹けば、涼しくなります。） 2. g（試験がなければ、遊びに行けます。） 3. e（走れば、授業に間に合います。） 4. f（予習をすれば、授業がよくわかります。） 5. c（友だちに電話すれば、迎えに来てくれます。） 6. b（無駄遣いしなければ、ほしいものが買えます。）

Ⅳ-B. (p. 246)

(1) 走れば大丈夫ですよ。 (2) ジェスチャーを使

えば大丈夫ですよ。 (3) 先生に頼めば大丈夫ですよ。 (4) 早く洗えば大丈夫ですよ。 (5) 目覚まし時計をたくさん買っておけば大丈夫ですよ。 (6) 今度がんばれば大丈夫ですよ。 (7) 神様にお願いすれば大丈夫ですよ。

V-A. (p. 247)

1. f (かぎがかけてあったのに、どろぼうに入られました。) 2. h (子供なのに、動物園がきらいです。) 3. g (きのうの夜早く寝たのに、朝寝坊してしまいました。) 4. b (彼女はとてもきれいなのに、人気がないです。) 5. e (ぜんぜん練習しなかったのに、試合に勝ちました。) 6. c (給料が安いのに、仕事は大変です。) 7. a (徹夜したのに、眠くないです。)

会話・文法編 **第23課**

I-A. (p. 262)

1. 食べさせられる 2. やめさせられる 3. 受けさせられる 4. 取らされる 5. 作らされる 6. 待たされる 7. 習わされる 8. 歌わされる 9. 話させられる 10. 迎えに行かされる 11. 世話をさせられる 12. 戻ってこさせられる

I-B. (p. 262)

(1) ひろしさんはみちこさんに買い物に付き合わされます。 (2) ひろしさんはみちこさんに駅に迎えに行かされます。 (3) ひろしさんはみちこさんに高い服を買わされます。 (4) ひろしさんはみちこさんにパンクした時タイヤを換えさせられます。 (5) ひろしさんはみちこさんにお弁当を作らされます。 (6) みちこさんはひろしさんに夕食をおごらされます。 (7) みちこさんはひろしさんにアイロンをかけさせられます。 (8) みちこさんはひろしさんに部屋を掃除させられます。 (9) みちこさんはひろしさんに毎晩会社の文句を聞かされます。 (10) みちこさんはひろしさんに靴を磨かされます。

I-C. (p. 263)

1. 子供の時、皿を洗わされましたか。 2. 子供の時、自分の部屋を掃除させられましたか。 3. 子供の時、ピアノを習わされましたか。 4. 子供の時、毎日勉強させられましたか。 5. 子供の時、ペットの世話をさせられましたか。 6. 子供の時、きらいな物を食べさせられましたか。 7. 子供の時、料理を手伝わされましたか。 8. 子供の時、塾に行かされましたか。

II-A. (p. 264)

1. 学生が授業中に寝ていても、絶対に怒りません。 2. 学生が質問に答えられなくても、絶対に怒りません。 3. 学生に文句を言われても、絶対に怒りません。 4. 学生にばかにされても、絶対に怒りません。 5. サークルの先輩に怒られても、絶対に我慢します。 6. サークルの練習が厳しくても、絶対に我慢します。 7. 先輩に荷物を持たされても、絶対に我慢します。 8. 友だちと遊ぶ時間がなくても、絶対に我慢します。 9. メアリーが料理が下手でも、絶対にメアリーと結婚します。 10. 親に反対されても、絶対にメアリーと結婚します。 11. 今は離れていても、絶対にメアリーと結婚します。 12. 言葉や文化が違っても、絶対にメアリーと結婚します。

II-B. (p. 265)

1. いいえ。朝寝坊しても、学校をサボりません。 2. いいえ。授業がつまらなくても、先生に文句を言いません。 3. いいえ。道に迷っても、だれにも聞きません。 4. いいえ。電車の中で子供がうるさくても、注意しません。 5. いいえ。先生に怒られても、泣きません。 6. いいえ。宝くじに当たっても、みんなにおごってあげません。 7. いいえ。友だちとけんかしても、自分から謝りません。 8. いいえ。自分が作った料理がまずくても、食べます。 9. いいえ。誕生日のプレゼントが靴下でも、がっかりしません。

III-A. (p. 266)

1. スーさんは日本の社会について研究することにしました。 2. ロバートさんは日本の会社の面

接を受けることにしました。　3.ジョンさんは日本で空手を習うから、オーストラリアに帰らないことにしました。　4.たけしさんは会社をやめて、新しい仕事を探すことにしました。　5.みちこさんは留学することにしました。　6.山下先生は中国で日本語を教えることにしました。　7.メアリーさんのホストファミリーはメアリーさんに会いにアメリカに行くことにしました。　8.けんさんは小学校の先生になることにしました。

Ⅳ-A.　(p. 267)
(1) たけしさんは悪口を言わないことにしています。　(2) メアリーさんは週末に図書館で勉強することにしています。　(3) たけしさんは毎日、新聞を読むことにしています。　(4) メアリーさんはテレビを見ながら勉強しないことにしています。(5) メアリーさんはわからない時、人に聞くことにしています。　(6) たけしさんは悲しくても泣かないことにしています。　(7) メアリーさんは母の日に、花を買ったり、料理をしたりすることにしています。　(8) たけしさんは寝る前にコーヒーを飲まないことにしています。

Ⅴ-A.　(p. 268)
1.メアリーさんは今学期が終わるまで、日本にいるつもりです。　2.スーさんは日本語がぺらぺらになるまで、日本にいるつもりです。　3.ロバートさんはお金がなくなるまで、日本にいるつもりです。　4.ヤンさんは死ぬまで、日本にいるつもりです。　5.ジョンさんは理想の相手を見つけるまで、結婚しません。　6.けんさんは好きなチームが優勝するまで、結婚しません。　7.スーさんは百万円ためるまで、結婚しません。　8.ロバートさんは三十歳になるまで、結婚しません。

Ⅵ-A.　(p. 269)
1.すみませんが、おいしいコーヒーのいれ方を教えてくれませんか。　2.すみませんが、アイロンのかけ方を教えてくれませんか。　3.すみませんが、自転車の乗り方を教えてくれませんか。　4.すみませんが、運転のし方を教えてくれませんか。

5.すみませんが、ギターの弾き方を教えてくれませんか。　6.すみませんが、セーターの編み方を教えてくれませんか。　7.すみませんが、すしの作り方を教えてくれませんか。　8.すみませんが、新幹線の予約のし方を教えてくれませんか。9.すみませんが、ケーキの焼き方を教えてくれませんか。　10.すみませんが、着物の着方を教えてくれませんか。

読み書き編

読み書き編　第13課

Ⅱ.　(p. 278)
A. 1.(1) c　(2) a　(3) d　(4) b
C. 1.○　2.×　3.×　4.○　5.×　6.○　7.×
8.×

Ⅲ.　(p. 281)
C. 1.「ここには住めない」と思いました。電車は込んでいたし、みんな同じ顔だったからです。
2.(1) a, c　(2) b, d, e

読み書き編　第14課

Ⅱ.　(p. 285)
C. [1] 1.大学時代の先輩です。やさしくて、仕事もできる人です。　2.仕事をやめたくないからです。　[2] 1.英語で話します。ホストファミリーは英語を話したがっているからです。　2.英語で話します。みんなの英語はこの人の日本語より上手だからです。　3.この人は日本語で話しますが、お店の人は英語を話します。　[3] 1.去年乗りました。気分が悪くて大変でした。　2.27時間ぐらい飛行機に乗っていなければいけないからです。

読み書き編　第15課

Ⅱ.　(p. 290)
A. 3. a—(4)　b—(3)　c—(1)　d—(2)

C. 1. a. 広島です。1945年8月6日です。二十万人の人が死にました。 b. 原爆について読んだり、写真を見たりできます。 c. 小さい島で、有名な神社があります。 d. 島にいる鹿はたいていおなかがすいているからです。

D. ジョンさん―広島・宮島（海や山がきれいで、鹿もいるからです。） ケリーさん―沖縄（ビーチがきれいだし、一年中スポーツが楽しめるからです。） トムさん―東京（会社がたくさんあるし、ホームレスの人たちもいるからです。） ユンさん―京都（嵐山で紅葉が見られるからです。）

読み書き編 第16課

Ⅱ. (p.297)

C. 1. 未来から来ました。 2. 未来のいろいろな便利な「ひみつ道具」を持っています。 3. 覚えたいことをそのパンに写して食べます。すると、覚えられます。 4. 行きたい所を考えて、ドアを開けます。すると、ドアの向こうにはその場所があります。 5. テストの前にトイレに行ったので、何も覚えていませんでした。 6. 夢をたくさんくれます。弱い子供の味方です。いろいろなことを教えてくれます。 7. シンガポール、インドネシアなどで見られます。

D. 5, 6, 4, 1, 3, 2

読み書き編 第17課

Ⅱ. (p.303)

A. 1. b ― (1)　c ― (6)　d ― (7)　e ― (3)　f ― (5)　g ― (2)

C.

1933年	オノ・ヨーコ（小野洋子）東京で生まれる
1953年	アメリカに行く
1964年	『グレープフルーツ』を発表する
1966年	イギリスで展覧会をする
1969年	ジョン・レノンと結婚する
1971年	ジョンが「イマジン」を発表する
1975年	男の子ショーンが生まれる
1980年	ジョンとアルバムを発表する ジョンが銃で撃たれる

読み書き編 第18課

Ⅱ. (p.310)

B. 1. アルバイトをしている人のほうが多いです。 2. 17パーセントです。 3.「洋服が買いたい」です。 4.「生活のゆとりがほしい」です。

Ⅲ. (p.312)

B. 1. 大学の近くのワンルームマンションに住んでいます。家賃は一か月五万円です。 2. 家庭教師をしたり、大学の食堂で働いたりしています。時々、引っ越しなどの力仕事もします。 3. いいえ、払えます。 4. いい学生じゃないと思います。よく遅刻したり、授業をサボったりするからです。 5. 先輩たちと親しくなれたし、今の彼女にも会えました。 6. 勉強しなければいけません。

読み書き編 第19課

Ⅱ. (p.318)

A. 2. a. 夏　b. 春　c. 冬　d. 秋

C. 1. 大学の授業でいそがしかったからです。 2. お姉さんといっしょにテニスをしたり、お兄さんとしょうぎをしたりしたことを思い出します。 3. 自分で漢字を勉強しようと思っています。 4. 来年大学を卒業したら、日本にもどるつもりです。

Ⅲ. (p.320)

B.

マリアさんは今カリフォルニア大学で政治を勉強しています。

卒業したら、日本の大学院で国際政治を勉強したいと思っています。

パクさんは日本の大学院で電気工学を研究しています。……

1) パクさんは日本語の試験のためにどんな勉強をしましたか。

2) 奨学金の申し込みをしたいのですが、どうし
たらいいですか。

3) 留学生がアルバイトを見つけるのはむずかし
いですか。

読み書き編　第20課

Ⅱ. (p. 325)

C. 1. いなかに行って古い物を買い、江戸でそれ
を高い値段で売っていました。　2. 三百両です。
3. 猫といっしょに皿も持っていこうと思ったか
らです。　4. 三両で買いました。　5. いいえ、持
って帰りませんでした。　6. 家に置いておくとあ
ぶないからです。　7. 茶店の主人のほうがかしこ
いです。

Ⅲ. (p.329)

A. 〔解答例〕

(1) 男の子が、パンを買いに行きました。パンを
買うと、男の子はお金を払わないで、行ってしま
ったので、店の人は走って、男の子の家まで行き
ました。男の子のお母さんが店の人にお金を払い
ました。男の子はお母さんにお金をもらっていた
のですが、払うのを忘れてしまったのです。

(2) 雨が降っているので、男の子はたばこ屋の前
で待ちました。お母さんがかさを持って迎えに来
てくれるはずです。まだ雨は降っていますが、男
の子は走っておもちゃ屋の前に行きました。お母
さんがおもちゃ屋で、何か買ってくれるかもしれ
ません。

読み書き編　第21課

Ⅱ. (p.332)

C. 1.(1) 台風で家が壊れてしまいました。　(2)
飼っていた犬に死なれました。　(3) 急に重い病気
になって入院しなければいけませんでした。　2.
いいえ、信じていませんでした。　3. 外国で勉強

することでした。　4. 若い日本人の留学生は、親
にお金を送ってもらって、ぜいたくをしています
が、この人はぜいたくができません。　5. どろぼ
うにアパートに入られました。　6. パソコンとテ
レビとカメラと時計と自転車を取られました。
7. バスで通います。　8. 厄年だから、悪いことが
起こったと思っています。　9. 少し信じていま
す。

読み書き編　第22課

Ⅱ. (p. 338)

C. 1, 3

D. 1. 研一と会っていたからです。　2.「出張で
大阪に行けない」と言いましたが、本当は大阪で
夏子と会っていました。本当のことが言えなかっ
たからです。

読み書き編　第23課

Ⅱ. (p. 344)

C. 1. うれしい気持ちを表しています。　2. 顔文
字を使えば、自分の気持ちが簡単に伝えられるか
らです。　3. \(^o^)/ バンザイをしているからで
す。　4. 笑ってⅤサインをしています。　5. 英語
の顔文字は顔が横になっていて口が笑っています
が、日本語の顔文字は顔が縦になっていて目が笑
っています。　6. 日本人もアメリカ人もうれしい
表情だと思いました。　7. 日本人はほとんど全員
が怒っている表情だと思いましたが、アメリカ人
は66％しかそう思いませんでした。

D. 1.「すみません」　2.「こんにちは」　3.「いた
だきます」　4.「痛い！」　5. ウインク　6.「あ
あ、こわかった」「ああ、あぶなかった」　7. やく
ざ：「私はこわいよ！ 気をつけなさい！」　8.「び
っくりしました！」　9.「寝ています」

げんき①ワークブック・解答
(かいとう)

▶ 会話・文法編
(かいわ) (ぶんぽうへん)

あいさつ (p.11)

1. おはよう。 2. ありがとう。 3. こんばんは。
4. すみません。 5. いただきます。 6. ごちそう
さま(でした)。 7. いってきます。 8. いってらっ
しゃい。 9. ただいま。 10. おかえり(なさい)。
11. はじめまして。よろしくおねがいします。
12. さようなら。 13. おやすみ(なさい)。 14. こ
んにちは。

第1課-1 (p.13)
(だい) (か)

(1) 5　(2) 0　(3) 9　(4) 3　(5) 7　(6) 2　(7) 6
(8) 1　(9) 8　(10) 4　(11) 16　(12) 40　(13) 21
(14) 164　(15) 92　(16) 35　(17) 76　(18) 18
(19) 157　(20) 101

第1課-2 (p.14)
(だい) (か)

I. 1. ごご ごじです。 2. ごぜん くじです。 3.
ごご じゅうにじはんです。 4. ごぜん よじはん
です。
II. 〔解答例〕1. ぜろさんぜろ（の）さんごろく
(かいとうれい)
よん（の）いちななはちに（030-3564-1782） 2.
によんよん（の）いちぜろきゅうご（244-1095）
3. さんろくはち（の）なないちにぜろ（368-7120）

第1課-3 (p.15)
(だい) (か)

I. 1. にほんじんの がくせい　2. たけしさんの
でんわばんごう　3. わたしの ともだち　4. えい
ごの せんせい　5. みちこさんの せんこう
II. 1. おがわさん・にほんじん　2. たけださん
は せんせいです。 3. わたしは りゅうがくせい
です。 4. はるなさんは いちねんせいです。 5.
やまもとさんは にじゅうごさいです。 6. わた
しの せんこうは にほんごです。

第1課-4 (p.16)
(だい) (か)

I. 1. なんねんせいですか。 2. せんこうは なん
ですか。 3. なんさいですか。 4. でんわばんご
うは なんですか。 5. なんじですか。
II. 1. がくせいですか。はい、わたしは にほん
だいがくの がくせいです。 2. みちこさんは よ
ねんせいですか。いいえ、みちこさんは さんねん
せいです。

第1課-5 (p.17)
(だい) (か)

A. 1. (h)　2. (k)　3. (g)　4. (a)　5. (e)　6. (j)　7.
(f)　8. (c)　9. (b)　10. (i)　11. (d)
B. 1. 4:00 A.M.　2. 9:00 P.M.　3. 1:00 P.M.
4. 7:30 A.M.　5. 11:00 A.M.　6. 3:30 P.M.
C. 1. 905-0877　2. 5934-1026　3. 49-1509
4. 6782-3333
D. 1. ○　2. ×　3. ×　4. ×　5. ○

第1課-6 (p.19)
(だい) (か)

〔解答例〕1. メアリー・ハートです。 2. がくせ
(かいとうれい) (めありい) (はあと)
いです。 3. にねんせいです。 4. じゅうきゅう
さいです。 5.(せんこうは) にほんごです。
6. (でんわばんごうは) ぜろにぜろの　ろくきゅ
うにいちの　よにさんろくです。

第2課-1 (p.20)
(だい) (か)

I. (1) 470　(2) 853　(3) 1,300　(4) 17,000
(5) 3,612　(6) 5,198　(7) 46,900　(8) 90,210
II. 1. ごひゃくよんじゅういち　2. にせんななひ
ゃくさんじゅうろく　3. はっせんきゅうひゃく
4. いちまんにせんさんびゃくよんじゅうご
III. 1. じてんしゃは いくらですか。 2. さんぜ
んろっぴゃくえんです。 3. ひゃくろくじゅうえ
んです。

第2課-2 (p.21)

Ⅰ. 1.これは わたしの ペンです。 2.それは け
んさんの ほんです。 3.あれは なんですか。 4.
これは にくですか。

Ⅱ. 1.これ 2.それ 3.これ 4.あれ 5.あれ

第2課-3 (p.22)

1.このとけいは いくらですか 2.そのとけい
は いくらですか 3.(このとけいは/これは)
にせんはっぴゃくえんです 4.あのとけいは い
くらですか 5.(あのとけいは/あれは)せんご
ひゃくえんです 6.じゃあ、あのとけいを くだ
さい

第2課-4 (p.23)

Ⅰ. 1.(たけしさんは)あそこです 2.(スーさん
は)そこです 3.(ロバートさんは)ここです
4.(トイレは)あそこです

Ⅱ. 1.これは だれの ぼうしですか 2.これは
だれの さいふですか 3.あれは だれの かさで
すか

第2課-5 (p.24)

Ⅰ. 1.たなかさんは にほんじんです。よしださ
んも にほんじんです。 2.たなかさんは はたち
です。よしださんも はたちです。 3.このじしょ
は にせんえんです。その/あのじしょも にせん
えんです。 4.これは わたしの じてんしゃで
す。それ/あれも わたしの じてんしゃです。
5.たけしさんの せんこうは れきしです。わたし
の せんこうも れきしです。

Ⅱ. 1.いいえ、(わたしは)かいしゃいんじゃな
いです。 2.いいえ、(わたしは)にほんじんじゃ
ないです。 3.いいえ、(わたしの せんこうは)
れきしじゃないです。 4.いいえ、(あれは)わた
しの じてんしゃじゃないです。 5.いいえ、(こ
れは)わたしの かさじゃないです。

第2課-6 (p.25)

A. 1.80 2.1,000 3.? 4.120 5.100

B. 1.いいえ、(クリスティさんは)アメリカじ
んじゃないです。フランスじんです。 2.(クリ
スティさんの せんこうは)えいごです。 3.は
い、(クリスティさんの おとうさんは)にほんじ
んです。 4.いいえ、(クリスティさんの おかあ
さんは)にほんじんじゃないです。フランスじん
です。

C. 1.a.3,000 b.600 c.1,200 2.a.× b.○
c.○

第2課-7 (p.26)

〔解答例〕1.いいえ、にほんじんじゃないです。
ちゅうごくじんです。 2.はい、にねんせいです。
3.いいえ、(せんこうは)けいざいじゃないです。
れきしです。 4.いいえ、(おかあさんは)にほん
じんじゃないです。アメリカじんです。 5.(お
とうさんは)よんじゅうごさいです。 6.(にほ
んごの ほんは)さんぜんえんです。

第3課-1 (p.27)

1.おきる・おきます・おきません 2.みる・みま
す・みません 3.たべる・たべます・たべませ
ん 4.ねる・ねます・ねません 5.はなす・は
なします・はなしません 6.きく・ききます・き
きません 7.いく・いきます・いきません 8.
よむ・よみます・よみません 9.のむ・のみます・
のみません 10.かえる・かえります・かえりま
せん 11.くる・きます・きません 12.する・
します・しません 13.べんきょうする・べんき
ょうします・べんきょうしません

第3課-2 (p.28)

〔解答例〕1.わたしは コーヒーを のみます。わ
たしは おちゃを のみません。 2.わたしは に
ほんの えいがを みます。わたしは インドの え
いがを みません。 3.ペレは サッカーを しま
す。ペレは バスケットボールを しません。 4.

わたしの ともだちは スポーツの ざっしを よみます。わたしの ともだちは ほんを よみません。5. わたしは ロックを ききます。わたしは にほんの おんがくを ききません。

第3課-3 (p. 29)

I.〔解答例〕1. がっこうで　2. いえで　3. きっさてんで　4. がっこうに　5. いえに

II.　1. たなかさんは としょかんに いきます。2. わたしの ともだちは にほんに きます。3. すずきさんは うち／いえで おんがくを ききます。4. わたしは うち／いえで にほんごを はなします。5. わたしは がっこうで ひるごはんを たべません。

第3課-4 (p. 30)

I.　7, 9

II.〔解答例〕1. ろく・おき　2. わたしは まいにち はちじはんに だいがくに いきます。3. わたしは まいにち じゅうにじに がっこうで ひるごはんを たべます。4. わたしは たいてい ろくじごろ うち／いえに かえります。5. わたしは たいてい じゅういちじごろ ねます。

III.　1. わたしは まいにち にほんごを はなします。2. わたしは こんばん テレビを みません。3. メアリーさんは どようびに がっこうに きません。

第3課-5 (p. 31)

I.　1. こんばん えいがを みませんか。2. こんばんは ちょっと……。3. あしたは どうですか。4. いいですね。

II.〔解答例〕1. アブドゥルさん、こんばん ばんごはんを たべませんか。2. いいですね。3. じゃあ、マクドナルドに いきませんか。4. マクドナルドは ちょっと……。

第3課-6 (p. 32)

1. よく・に・いきます　2. ゆみさんは よく わ

たしの うち／いえに きます。3. わたしは たいてい ろくじに おきます。4. やましたせんせいは たいてい じゅういちじに ねます。5. わたしは ときどき にほんの しんぶんを よみます。6. たけしさんは ときどき あのきっさてんで コーヒーを のみます。7. メアリーさんは あまり たべません。

第3課-7 (p. 33)

A.

	<Saturday>		<Sunday>	
	Where	What	Where	What
Mary	f	j	b	i
Sue	c	g	d	k

B.　1. c　2. a　3. g　4. e　5. h　6. f　7. b　8. i　9. d

C.　1. a　2. b　3. b　4. d　5. c　6. c

D.　1. a　2. a　3. a, c　4. b, c

第3課-8 (p. 35)

〔解答例〕1. いいえ、あまり スポーツを しません。2. はい、よく えいがを みます。3. よく みずを のみます。4. よく ロックを ききます。5. としょかんで べんきょうします。6. よく ともだちの うちに いきます。7. よく ともだちの うちで ばんごはんを たべます。8. しちじごろ おきます。9. じゅうにじごろ ねます。

第4課-1 (p. 36)

I.　1. あそこにバス停があります。2. 木曜日にクラスがありません。3. (私は)辞書がありません。4. あそこに山下先生がいます。5. (私は)子供がいます。

II.〔解答例〕1. いいえ、(あした、アルバイトが)ありません。2. 月曜日と水曜日と金曜日に(日本語のクラスが)あります。3. はい、(友だちが)たくさんいます。4. はい、お姉さんと弟がいます。

第4課-2 (p. 37)

Ⅰ.

Ⅱ. 1.（日本語の本は）新聞の下です。 2.（メアリーさんのかさは）つくえの上です。 3.（スーさんの辞書は）かばんの中です。 4.（図書館は）郵便局の後ろです。 5.（銀行は）郵便局の左／となりです。

第4課-3 (p. 38)

Ⅰ.〔解答例〕1. はい、（きのうは）月曜日でした。 2. いいえ、（きのうは）十五日じゃなかったです。二十二日でした。 3. いいえ、（今日の朝ご飯は）ハンバーガーじゃなかったです。パンでした。 4. いいえ、（子供の時、）あまりいい子供じゃなかったです。 5. はい、（高校の時、）いい学生でした。

Ⅱ. 1. 私の自転車は三万円でした。 2. きのうは日曜日でした。 3. 山下先生は日本大学の学生じゃなかったです。

第4課-4 (p. 39)

1. のむ・のみました・のみませんでした 2. はなす・はなしました・はなしませんでした 3. きく・ききました・ききませんでした 4. かう・かいました・かいませんでした 5. とる・とりました・とりませんでした 6. かく・かきました・かきませんでした 7. まつ・まちました・まちませんでした 8. ある・ありました・ありませんでした 9. たべる・たべました・たべませんでした 10. おきる・おきました・おきませんでした 11. する・しました・しませんでした 12. くる・きました・きませんでした

第4課-5 (p. 40)

Ⅰ. 1. いいえ、（たけしさんは金曜日に手紙を）書きませんでした。 2.（たけしさんは土曜日に）スーパーでアルバイトをしました。 3.（たけしさんは）金曜日に音楽を聞きました。 4. 日曜日・町・メアリーさん・映画・見ました 5.〔解答例〕私は土曜日に横浜で友だちに会いました。日曜日にスーパーで買い物をしました。

Ⅱ. 1. ゆみさんはぜんぜん写真を撮りませんでした。 2. 私は子供の時、よくハンバーガーを食べました。 3. たけしさんは高校の時、あまり勉強しませんでした。

第4課-6 (p. 41)

1. メアリーさんは公園に行きました。たけしさんも公園に行きました。 2. あそこに本屋があります。レストランもあります。 3. 私はお茶を飲みます。私はコーヒーも飲みます。 4. メアリーさんは韓国に行きます。メアリーさんは中国にも行きます。 5. みちこさんは金曜日にハンバーガーを食べました。みちこさんは土曜日にもハンバーガーを食べました。 6. ゆみさんはお寺でおみやげを買いました。ゆみさんはデパートでもおみやげを買いました。 7. 私はきのう学校で写真を撮りました。私は家でも写真を撮りました。

第4課-7 (p. 42)

Ⅰ. 1.(1) きのう (2) 二時間 (3) テレビを見ました 2.(1) デパートの前で (2) 一時間 (3) メアリーさんを待ちました 3.(1) 毎日 (2) 一時間ぐらい (3) 図書館で (4) 日本語を勉強します。

Ⅱ. 1. に 2. を 3. を 4. を 5. が 6. を

第4課-8 (p. 43)

A. 1.（お父さんは）うちでテレビを見ました。 2.（お母さんは）友だちとデパートへ行きました。 3.（メアリーさんとお父さんはあした）テニスをします。

B. 1.a 2.d 3.e 4.b 5.f 6.c
C. 1.c 2.b
3.

	studied	took photos	went to Tokyo	wrote a letter	went to karaoke	did shopping
Sue	○				○	
Mary	○			○		
Robert		○	○			○

第4課-9 (p.44)

〔解答例〕1.（私の家は）大阪です。 2.（私の町に）デパートと公園があります。 3.はい、犬がいます。名前はポチです。 4.（今日は）十月二十一日です。木曜日です。 5.友だちと晩ご飯を食べました。 6.二時間ぐらい勉強しました。 7.月曜日と水曜日と金曜日に日本語のクラスがあります。 8.友だちとレストランに行きました。

第5課-1 (p.45)

1. おおきい・おおきいです・おおきくないです 2. たかい・たかいです・たかくないです 3. こわい・こわいです・こわくないです 4. おもしろい・おもしろいです・おもしろくないです 5. ふるい・ふるいです・ふるくないです 6. いい・いいです・よくないです 7. しずか（な）・しずかです・しずかじゃないです 8. きれい（な）・きれいです・きれいじゃないです 9. げんき（な）・げんきです・げんきじゃないです 10. すき（な）・すきです・すきじゃないです 11. きらい（な）・きらいです・きらいじゃないです 12. にぎやか（な）・にぎやかです・にぎやかじゃないです

第5課-2 (p.46)

I.〔解答例〕1. いいえ、（日本語の宿題は）やさしくないです。 2. はい、（今日は）忙しいです。 3. いいえ、（私の部屋は）きれいじゃないです。 4. はい、（日本語のクラスは）おもしろいです。 5. いいえ、（私の町は）あまり静かじゃないです。
II. 1. この時計は高いです。 2. このコーヒーは

おいしくないです。 3. 山下先生は元気です。 4. 天気はよくないです。 5.（私は）あしたひまじゃないです。

第5課-3 (p.47)

1. あたらしいです・あたらしくないです・あたらしかったです・あたらしくなかったです 2. いそがしいです・いそがしくないです・いそがしかったです・いそがしくなかったです 3. さむいです・さむくないです・さむかったです・さむくなかったです 4. むずかしいです・むずかしくないです・むずかしかったです・むずかしくなかったです 5. ちいさいです・ちいさくないです・ちいさかったです・ちいさくなかったです 6. いいです・よくないです・よかったです・よくなかったです 7. ひまです・ひまじゃないです・ひまでした・ひまじゃなかったです 8. にぎやかです・にぎやかじゃないです・にぎやかでした・にぎやかじゃなかったです 9. すきです・すきじゃないです・すきでした・すきじゃなかったです 10. きれいです・きれいじゃないです・きれいでした・きれいじゃなかったです

第5課-4 (p.48)

I.〔解答例〕1. いいえ、（先週は）ひまじゃなかったです。忙しかったです。 2. いいえ、（テストは）難しくなかったです。やさしかったです。 3. はい、（きのうは）とても／すごく 暑かったです。 4. はい、（週末は）楽しかったです。 5. いいえ、（きのうの晩ご飯は）あまりおいしくなかったです。
II. 1.（私は）きのう忙しかったです。 2. 宿題は難しかったです。 3. 私の部屋はきれいじゃなかったです。 4. 天気はよかったです。 5. 旅行は楽しくなかったです。 6. 切符は高くなかったです。

第5課-5 (p.49)

I. 1. 古い自転車です。 2. 静かな町です。 3. こ

わい人です。　4. きれいな家です。
Ⅱ. 1.（私は）やさしい人に会いました。　2.
（私は）安い切符を買いました。　3.（私は）先週お
もしろい本を読みました。

第5課-6　(p.50)

〔解答例〕1. 私は日本語のクラスが大好きです。
2. 私はこの町があまり好きじゃないです。　3. 私
は月曜日が大きらいです。　4. 私は海が好きで
す。　5. 私は猫が大好きです。　6. 私は寒い朝が
きらいです。　7. 私は魚がきらいです。　8. 私は
こわい映画が好きでもきらいでもないです。　9.
私は『げんき』が大好きです。

第5課-7　(p.51)

Ⅰ.〔解答例〕1. 浅草に行きましょう。　2. お寺を
見ましょう。　3. おみやげを買いましょう。　4.
十時に会いましょう。
Ⅱ. 1. ここで写真を撮りましょう。　2. 今晩この
映画を見ましょう。　3. 喫茶店で待ちましょう。
4. この漢字は難しいです。先生に聞きましょう。
5. 一緒に宿題をしましょう。

第5課-8　(p.52)

A.　1.b　2.a　3.a　4.b　5.a　6.b
B.
1.

	Favorite type	What he does on holidays
吉田 よしだ	やさしい人 ひと	テニスをします。
川口 かわぐち	おもしろい人 ひと	友だちといっしょに ご飯を食べます。
中山 なかやま	静かな人 しず　　ひと	家でテレビを見ます。 いえ　　　　　み

2. a.（吉田）
　　　よしだ
C.

	J-pop	Rock	Classical music	Action movies	Horror movies
Mary	a	b	c	a	–
Takeshi	b	a	a	a	a

第5課-9　(p.53)

Ⅰ.〔解答例〕1. 京都に行きました。　2. 友だちと
行きました。　3.（天気は）よかったです。　4.（食
べ物は）とても／すごく おいしかったです。　5.
お寺に行きました。それから、買い物をしました。
6. はい、（おみやげを）買いました。
Ⅱ.〔解答例〕1. アイスクリーム（ice cream）が好
きです。　2. コーヒーが好きです。　3. 日本の音楽
が好きです。

第6課-1　(p.54)

1. おきて　2. たべて　3. ねて　4. みて　5. いて
6. でかけて　7. あって　8. かって　9. きいて
10. かいて　11. いって　12. およいで　13. はな
して　14. まって　15. のんで　16. よんで　17.
かえって　18. あって　19. とって　20. わかって
21. のって　22. やって　23. きて　24. して　25.
べんきょうして

第6課-2　(p.55)

1. あける・あけて・あけます　2. おしえる・お
しえて・おしえます　3. おりる・おりて・おりま
す　4. かりる・かりて・かります　5. しめる・
しめて・しめます　6. シャワーをあびる・シャ
ワーをあびて・シャワーをあびます　7. つける・
つけて・つけます　8. でんわをかける・でんわを
かけて・でんわをかけます　9. わすれる・わすれ
て・わすれます　10. たばこをすう・たばこをす
って・たばこをすいます　11. つかう・つかって・
つかいます　12. てつだう・てつだって・てつだ
います　13. いそぐ・いそいで・いそぎます　14.
かえす・かえして・かえします　15. けす・けして・
けします　16. たつ・たって・たちます　17. もつ・
もって・もちます　18. しぬ・しんで・しにます
19. あそぶ・あそんで・あそびます　20. やすむ・
やすんで・やすみます　21. すわる・すわって・
すわります　22. はいる・はいって・はいります
23. つれてくる・つれてきて・つれてきます　24.
もってくる・もってきて・もってきます

第6課-3 (p. 57)

Ⅰ. 1. 写真を撮ってください。 2. この漢字を教えてください。 3. このかばんを持ってください。 4. このタオルを使ってください。 5. 座ってください。 6. 本を持ってきてください。

Ⅱ. 〔解答例〕（友だち）宿題を手伝ってください。／（友だち）本を返してください。／（先生）漢字を教えてください。

第6課-4 (p. 58)

1. 部屋に入ってもいいですか。 2. 写真を見てもいいですか。 3. テレビをつけてもいいですか。 4. 〔解答例〕窓を開けてもいいですか。 5. トイレに行ってもいいですか。 6. 英語を話してもいいですか。 7. 教科書を借りてもいいですか。 8. 〔解答例〕あしたクラスを休んでもいいですか。

第6課-5 (p. 59)

Ⅰ. 1. たばこを吸ってはいけません。 2. 入ってはいけません。 3. 写真を撮ってはいけません。 4. 食べ物を食べてはいけません。

Ⅱ. 〔解答例〕1. 部屋でたばこを吸ってはいけません。 2. 図書館で友だちと話してはいけません。 3. クラスで電話をかけてはいけません。

第6課-6 (p. 60)

Ⅰ. 1. （たけしさんは）朝起きて、朝ご飯を食べました。 2. （たけしさんは）窓を閉めて、出かけました。 3. （たけしさんは）海に行って、泳ぎました。 4. （たけしさんは）電気を消して、寝ました。

Ⅱ. 1. あした図書館に行って、本を返します。 2. メアリーさんとたけしさんは会って、一時間ぐらい話しました。 3. 喫茶店に入って、休みましょう。

第6課-7 (p. 61)

Ⅰ. 1. 今日はひまじゃないです。あしたテストがありますから。 2. テストは難しくなかったです。たくさん勉強しましたから。 3. 今晩出かけ

ましょう。あしたは休みですから。 4. お母さんを手伝いました。お母さんは忙しかったですから。 5. コーヒーを飲みません。朝コーヒーを飲みましたから。

Ⅱ. 〔解答例〕1. 病院に行きます 2. 今日、銀行に行きます。 3. お金がありません

第6課-8 (p. 62)

A. 1. × 2. ○ 3. ○ 4. ×

B. 1, 3, 4, 6

C.

1.

	a. Inconvenient day	b. Reasons
みちこ	土曜日	アルバイトがあります。
スー	土曜日	友だちが来ます。
ロバート	日曜日	うちで勉強します。（月曜日にテストがありますから。）

2. 来週行きます。

第6課-9 (p. 63)

〔解答例〕1. （朝起きて）水を飲みます。 2. （家に帰って）メールを書きました。 3. いいえ、（教科書を）見てはいけません。 4. （飛行機の中で）たばこを吸ってはいけません。 5. いいえ、あまり勉強しませんでした。 6. はい、よくゲームをしました。 7. よくスポーツをしました。

第7課-1 (p. 64)

1. u・わかります・わかって 2. u・やります・やって 3. u・けします・けして 4. u・たちます・たって 5. ru・おきます・おきて 6. u・かえります・かえって 7. irregular・きます・きて 8. irregular・します・して 9. u・あそびます・あそんで 10. ru・かけます・かけて 11. ru・きます・きて 12. u・かぶります・かぶって 13. ru・つとめます・つとめて 14. u・はきます・はいて 15. u・うたいます・うたって 16. u・す

みます・すんで　17. irregular・けっこんします・けっこんして

第7課-2 (p.65)

I.　1. 電話をかけています。　2. お酒を飲んでいます。　3. ご飯を食べています。　4. 写真を撮っています。　5. 友だちと話しています。

II.〔解答例〕1. 今、日本語を勉強しています。2. テレビを見ていました。

III.　1. メアリーさんはバス停でバスを待っています。　2. きのう二時にたけしさんは友だちとテニスをしていました。　3. 家に電話をかけました。姉は宿題をしていました。

第7課-3 (p.66)

I.　1.（お父さんは）銀行に勤めています。　2.（お母さんは）病院に勤めています。　3. いいえ、（お姉さんは）勤めていません。　4. はい、（お姉さんは）結婚しています。　5. いいえ、（お姉さんは）東京に住んでいます。　6.（弟さんは）長野に住んでいます。　7.（お父さんは）五十一歳です。

II.〔解答例〕父はソニーに勤めています。五十三歳です。母は先生です。四十八歳です。父と母は沖縄に住んでいます。兄は東京に住んでいます。結婚しています。

第7課-4 (p.67)

I.　1. やすおさんは背が高くないです。　2. やすおさんはとても／すごく 頭がいいです。3. のりおさんは今日新しいTシャツを着ています。　4. のりおさんはやせていますが、やすおさんは太っています。

II.　1. 背が低かったです。　2. 髪が短かったです。　3. めがねをかけていました。　4. 目が小さかったです。　5. Tシャツを着ていました。　6. ジーンズをはいていました。　7. くつをはいていませんでした。

第7課-5 (p.68)

I.　1. 安くておいしいです　2. 静かでつまらないです　3. とても／すごく 小さくてかわいいです　4. 新しくてとても／すごく きれいです　5. 古くておもしろいです　6. 髪が長くて目が大きいです

II.〔解答例〕1. おもしろくて楽しいです　2. 髪が短くて背が高いです　3. 小さくてきれいです　4. 親切で頭がいいです

第7課-6 (p.69)

I.　1. 大阪に友だちに会いに行きます。　2. 家に晩ご飯を食べに帰ります。　3. きのう、町に雑誌を買いに行きました。　4. 私は週末、京都に写真を撮りに行きました。　5. ロバートさんはよく私のアパートにパソコンを使いに来ます。

II.〔解答例〕日本に日本語を勉強しに来ました。／ときどき海に泳ぎに行きます。／図書館に本を返しに行きます。／喫茶店にコーヒーを飲みに行きます。

第7課-7 (p.70)

〔解答例〕1.（日本語のクラスに女の人が）五人います。　2.（日本語のクラスに男の人が）六人います。　3. はい、（兄弟が）います。二人います。　4. はい、（ルームメートが）います。一人います。　5.（私の大学に学生が）一万二千人います。　6.（私の町に人が）八千人ぐらい住んでいます。　7.（日本人の友だちが）二人います。

第7課-8 (p.71)

A.　1.（スーさんと）部屋で宿題をしていました。　2.（ロバートさんと）部屋で宿題をしていました。　3.（けんさんと）部屋で音楽を聞いていました。　4.（たけしさんと）部屋で音楽を聞いていました。　5. お風呂に入っていました。

B.　1. a, h　2. b, f　3. c, e　4. d, g

C.　1. c　2. b　3. b

第7課-9 (p.72)

〔解答例〕(friend) 1. もりした まいさんです。 2. 二十二歳です。 3. 名古屋に住んでいます。 4. 大学生です。大学で経済を勉強しています。 5. いいえ、結婚していません。 6. いいえ、あまり背が高くないです。 7. はい、髪が長いです。 8. 頭がよくておもしろい人です。

第8課-1 (p.73)

1. あける・あけない・あけます・あけて 2. かう・かわない・かいます・かって 3. すわる・すわらない・すわります・すわって 4. くる・こない・きます・きて 5. しぬ・しなない・しにます・しんで 6. けす・けさない・けします・けして 7. べんきょうする・べんきょうしない・べんきょうします・べんきょうして 8. かく・かかない・かきます・かいて 9. ある・ない・あります・あって 10. のむ・のまない・のみます・のんで 11. わかる・わからない・わかります・わかって 12. まつ・またない・まちます・まって 13. あそぶ・あそばない・あそびます・あそんで 14. いそぐ・いそがない・いそぎます・いそいで

第8課-2 (p.74)

I. 1. Q：よくバスに乗る？A：ううん、乗らない。 2. Q：毎日日本語を話す？A：ううん、話さない。 3. Q：今日宿題がある？A：ううん、ない。 4. Q：今週の週末、出かける？A：ううん、出かけない。 5. Q：あしたひま？A：ううん、ひまじゃない。 6. Q：日本人？A：ううん、日本人じゃない。 7. Q：暑い？A：ううん、暑くない。

II.〔解答例〕1. (今日は) 火曜日。 2. 魚がきらい。 3. (今週の週末、) 買い物をする。

第8課-3 (p.75)

I. 1. 山下先生はかっこいいと思います。 2. この女の人はメアリーさんの日本語の先生だと思います。 3. 山下先生はたくさん本を読むと思います。 4. この町はおもしろくないと思います。 5. まいさんはまゆみさんが好きじゃないと思います。 6. あやさんは今日学校に来ないと思います。

II.〔解答例〕1. (あしたは) 雨が降ると思います。 2. (来週は) 忙しくないと思います。 3. はい、(日本語の先生は料理が) 上手だと思います。 4. (日本語の先生は、今週の週末、) 掃除すると思います。

第8課-4 (p.76)

〔解答例〕1. 田中さんは毎日楽しいと言っていました。 2. 田中さんは日本料理が好きだと言っていました。 3. 田中さんはあまりお酒を飲まないと言っていました。 4. 田中さんはよくテニスをすると言っていました。 5. 田中さんはお兄さんが一人いると言っていました。 6. 田中さんは西町に住んでいると言っていました。 7. 田中さんは結婚していないと言っていました。 8. 田中さんは車を持っていないと言っていました。 9. 田中さんは週末はたいてい友だちに会うと言っていました。 10. 今日、何をしますか。→田中さんは今日アルバイトをすると言っていました。

第8課-5 (p.77)

I. 1. かさを忘れないでください。今日の午後、雨が降りますから。 2. 窓を開けないでください。寒いですから。 3. テレビを消さないでください。ニュースを見ていますから。 4. その雑誌を捨てないでください。私の雑誌じゃないですから。

II. 1. きる 2. きる 3. くる 4. かく 5. する 6. しぬ 7. かえる 8. かう

第8課-6 (p.78)

I.〔解答例〕1. 歌うのが 2. 写真を撮るのが 3. 日本語を話すのが 4. 洗濯するのが 5. 車を洗うのが

II. 1. えりかさんは友だちを作るのが とても／すごく 上手です。 2. きよしさんは本を読むのが

大好きです。　3. まことさんは部屋を掃除するの
が大きらいです。　4. よしえさんは車を運転する
のが上手じゃないです。　5. ゆきさんは洗濯する
のがあまり好きじゃないです。

第8課-7 (p.79)

Ⅰ.　1. 佐藤さんが新聞を読んでいます　2. だれが
写真を撮っていますか　3. 山田さんがめがねを
かけています　4. だれが帽子をかぶっていますか

Ⅱ.　1. Q：けさ、何か食べましたか。A：いいえ、
けさ何も食べませんでした。　2. Q：週末、何を
しますか。A：何もしません。　3. よしおさんは
何か聞きましたが、(私は)わかりませんでした。
4. 何か飲みませんか。

第8課-8 (p.80)

A.　1. (f)　2. (c)　3. (b)　4. (e)　5. (a)　6. (d)　7.
(g)

B.　1. (ロバートさんとけんさんは)日曜日の四
時半に(ゲームを)します。　2. いいえ、(たけし
さんはゲームをしに)来ません。(たけしさんは)ア
ルバイトがありますから。　3. はい、(トムさんは
ゲームをしに)来ます。(トムさんは日曜日は)忙
しくないですから。

C.　1. c, d, e　2. b, c　3. a, e

第8課-9 (p.81)

Ⅰ.〔解答例〕1.(日本語のクラスは)難しいと思
います。　2.(日本語の先生は)車を運転するのが
好きだと思います。　3. いいえ、(あした雨が)降
らないと思います。　4. はい、(友だちは料理が)
上手だと思います。

Ⅱ.〔解答例〕1. お風呂に入るのが好きです。　2.
教えるのが下手です。　3. 料理をするのがきらい
です。　4. いいえ、(掃除するのが)あまり好きじ
ゃないです。

第9課-1 (p.82)

1. よんだ・よまなかった・よみます　2. あそんだ・

あそばなかった・あそびます　3. おぼえた・おぼ
えなかった・おぼえます　4. いった・いかなかっ
た・いきます　5. もらった・もらわなかった・も
らいます　6. おどった・おどらなかった・おどり
ます　7. およいだ・およがなかった・およぎます
8. ひいた・ひかなかった・ひきます　9. やすんだ・
やすまなかった・やすみます　10. した・しなか
った・します　11. きた・こなかった・きます
12. わかった・わからなかった　13. かっこよ
かった・かっこよくなかった　14. きれいだった・
きれいじゃなかった　15. にちようびだった・に
ちようびじゃなかった

第9課-2 (p.83)

Ⅰ.　1. Q：きのう、友だちに会った？A：ううん、
会わなかった。　2. Q：きのう、運動した？A：
ううん、運動しなかった。　3. Q：先週、試験が
あった？A：ううん、なかった。　4. Q：先週の
週末、大学に来た？A：ううん、来なかった。
5. Q：先週の週末、楽しかった？A：ううん、
楽しくなかった。　6. Q：子供の時、髪が長かっ
た？A：ううん、長くなかった。　7. Q：子供の
時、勉強がきらいだった？A：ううん、きらい
じゃなかった。

Ⅱ.〔解答例〕子供の時、よく公園に行った？/子
供の時、かわいかった？/子供の時、いい子だっ
た？

第9課-3 (p.84)

Ⅰ.　1. ただしさんのお父さんは若い時、かっこよ
かったと思います。　2. コンサートは九時に始ま
ったと思います。　3. さえこさんは先週の週末、
運動したと思います。　4. 先週の試験は難しくな
かったと思います。　5. みえさんは子供の時、い
じわるじゃなかったと思います。　6. まいさんは
まりさんから手紙をもらわなかったと思います。

Ⅱ.〔解答例〕先生は子供の時、よく勉強したと
思います。/友だちは子供の時、運動が好きだっ
たと思います。/母は子供の時、歌が上手だった

と思います。

第9課-4 (p. 85)

〔解答例〕1. 田中さんは日本の音楽をよく聞くと言っていました。 2. 田中さんは宿題をするのがきらいだと言っていました。 3. 田中さんは（先週の週末、）アルバイトをしたと言っていました。 4. 田中さんは（子供の時、）いい子だったと言っていました。 5. 田中さんは（子供の時、）背が高くなかったと言っていました。 6. 田中さんは（子供の時、）学校が好きだったと言っていました。 7. 田中さんは（子供の時、）京都に住んでいたと言っていました。 8. 田中さんは（子供の時、）よく遊んだと言っていました。 9. 高校の時、勉強しましたか。→田中さんは（高校の時、）あまり勉強しなかったと言っていました。

第9課-5 (p. 86)

1. （みどりさんは）ハンバーガーを食べている人です。 2. （けんいちさんは）コーヒーを飲んでいる人です。 3. （ともこさんは）ピザを切っている人です。 4. （しんじさんは）歌を歌っている人です。 5. （えりかさんは）けんいちさんと話している人です。

第9課-6 (p. 87)

1. Q：もう新しい漢字を覚えましたか。A：（はい、）もう覚えました。 2. Q：もう部屋を掃除しましたか。A：（いいえ、）まだ掃除していません。 3. Q：もう新しい先生と話しましたか。A：（いいえ、）まだ話していません。 4. Q：もう宿題をしましたか。A：（はい、）もうしました。

第9課-7 (p. 88)

Ⅰ. 1. 今日は病気だから、運動しません。 2. 雨が降っているから、今日は散歩しません。 3. まさこさんは踊るのが上手だから、とても／すごく人気があります。 4. 友だちがいなかったから、とても／すごくさびしかったです。

Ⅱ.〔解答例〕1. はい、テストがあったから、（先週は）忙しかったです 2. いいえ、クラスがなかったから、（きのう）学校に来ませんでした 3. いいえ、友だちと家でゲームをするから、（今週の週末）出かけません 4. はい、日本語はおもしろいから、（来年も）日本語を勉強します

第9課-8 (p. 89)

A. 1. けんさんが遅くなりました。 2. （みちこさんは）十分ぐらい待ちました。 3. （けんさんとみちこさんは）晩ご飯を食べます。 4. （レストランは）ホテルの中にあります。

B. 1. f 2. e 3. h 4. c 5. g 6. a 7. b

C. 1. （5）¥600 2. （3）¥180 3. （9）¥1,080 4. （8）¥960 5. （7）¥8,400

第9課-9 (p. 90)

〔解答例〕1. （きのうの晩ご飯は）カレーを食べた。／うん、おいしかった。 2. 十一時半ごろ寝た。 3. ううん、洗濯しなかった。 4. ううん、まだ（十課の単語を）覚えていない。 5. うん、（映画を）見た。／おもしろくなかった。 6. （子供の時、）サッカーをするのが好きだった。 7. 何もしなかった。

第10課-1 (p. 91)

Ⅰ. 1. ロシアのほうがカナダより大きいです。 2. 日曜日のほうが月曜日より楽しいです。 3. スポックのほうがカークより頭がいいです。 4. Q：サッカーと野球と どちら／どっち のほうが好きですか。A：野球のほうが好きです。

Ⅱ.〔解答例〕Q：夏と冬と どっち／どちら のほうが好きですか。A：夏のほうが（冬より）好きです。／Q：日本語と中国語と どっち／どちら のほうが難しいと思いますか。A：日本語のほうが（中国語より）難しいと思います。

第10課-2 (p. 92)

Ⅰ.〔解答例〕Q：世界の町の中で、どこがいちば

ん好きですか。A：京都がいちばん好きです。／
Q：野菜の中で、何がいちばんおいしいですか。
A：トマトがいちばんおいしいと思います。／Q：
外国語の中で、何がいちばん簡単だと思いますか。
A：スペイン語がいちばん簡単だと思います。

Ⅱ．〔解答例〕1. たけしさんとロバートさんと山下
先生の中で、山下先生がいちばんおもしろいです。
2. 肉と魚と野菜の中で、野菜がいちばん安いで
す。

第10課-3　(p. 93)

Ⅰ．1. 白いのです　2. だれのですか　3. 短いので
す　4. いいえ、たけしさんのです

Ⅱ．1. この時計は高いです。安いのをください。
2. 私のパソコンのほうがあなたのより遅いです。
3. どんな映画が好きですか。—こわいのが好きで
す。　4. この辞書は古いです。新しいのを買いま
す。　5. この赤いシャツのほうがあの／その白い
のより高いです。

第10課-4　(p. 94)

Ⅰ．1. 日曜日に出かけないつもりです。　2. 日本
の会社に勤めるつもりです。　3. 結婚しないつも
りです。　4. 来週試験があるから、今週勉強す
るつもりです。

Ⅱ．〔解答例〕1. (今晩) 友だちと晩ご飯を食べる
つもりです。　2. (この週末) 買い物をするつもり
です。　3. はい、(来学期も日本語を) 勉強するつ
もりです。　4. (夏休みに) アルバイトをするつも
りです。

第10課-5　(p. 95)

Ⅰ．1. 背が高くなりました。　2. 髪が短くなりま
した。　3. ひまになりました。

Ⅱ．1. けさ掃除したから、私の部屋がきれいに
なりました。　2. きのうの夜あまり寝なかったか
ら、眠くなりました。　3. たくさん練習したから、
日本語を話すのが とても／すごく 上手になりま
した。　4. 子供が好きだから、先生になります。

第10課-6　(p. 96)

Ⅰ．1. 歩いて行きます　2. どのぐらいかかります
3. どうやって行きます　4. 十五分かかります

Ⅱ．1. Q：次の休みにどこかに行きますか。A：
いいえ、どこにも行きません。　2. Q：先週の週
末、何かしましたか。A：いいえ、何もしません
でした。　3. Q：パーティーでだれかに会いまし
たか。A：いいえ、だれにも会いませんでした。

第10課-7　(p. 97)

A.

	どこに行きますか	何をしますか	どのぐらい行きますか
メアリー	韓国	たくさん食べます。買い物をします。	一週間ぐらい
ロバート	ロンドン	うちに帰ります。友だちに会います。	12月22日から1月23日まで
たけし	どこにも行きません。		
スー	韓国	家族に会います。スキーをします。	三週間ぐらい

B.　1. はなおか大学がいちばん大きいです。　2.
150万円ぐらいです。　3. 二時間ぐらいかかりま
す。電車とバスで行きます。4. つしま大学の日本
語のクラスがいちばんいいです。

C.　1. はい、東京へ行きました。　2. いいえ、友
だちと行きました。　3. バスで行きました。　4.
12月11日から12月15日まで東京にいました。
5. 買い物をしました。それから東京ディズニー
ランドに行きました。

第10課-8　(p. 99)

〔解答例〕1. (食べ物の中で) すしがいちばん好き
です。　2. (季節の中で) 夏がいちばん好きです。
海で泳ぐのが好きですから。　3. (有名人の中で)
○○がいちばん好きです。歌が上手ですから。
4. 私のほうが (日本語の先生より) 背が高いです。
5. (家から学校まで) 自転車で行きます。二十分

ぐらいかかります。 6.はい、（今度の休みに）キャンプに行きます。 7.はい、（先週の週末、）運動しました。 8.はい、（先週の週末、）友だちに会いました。

第11課-1 (p.100)

Ⅰ.〔解答例〕1. a.ピアノを習いたいです。 b.外国に住みたいです。 2. a.学校をやめたくないです。b.友だちとけんかしたくないです。

Ⅱ. 1.子供の時、犬を飼いたかったです。／子供の時、犬を飼いたくなかったです。 2.子供の時、お菓子を食べたかったです。／子供の時、お菓子を食べたくなかったです。 3.子供の時、電車に乗りたかったです。／子供の時、電車に乗りたくなかったです。 4.子供の時、歌手になりたかったです。／子供の時、歌手になりたくなかったです。 5.子供の時、ゲームをしたかったです。／子供の時、ゲームをしたくなかったです。

第11課-2 (p.101)

Ⅰ. 1.週末、映画を見たり、買い物をしたりしました。 2.あした、洗濯したり、勉強したりします。 3.きのう、友だちに会ったり、本を読んだりしました。 4.家で日本語を練習したり、日本の映画を見たりします。 5.今週の週末、山に登ったり、温泉に行ったりしたいです。 6.りょうでたばこを吸ったり、ビールを飲んだりしてはいけません。

Ⅱ.〔解答例〕1.（デートの時、）映画を見たり、ご飯を食べたりします。 2.（休みに）旅行したり、アルバイトをしたりしました。 3.（子供の時、）よく公園に行ったり、ゲームをしたりしました。4.（今度の週末、）テニスをしたり、友だちの家に行ったりしたいです。

第11課-3 (p.102)

Ⅰ.〔解答例〕1. a.日本料理を作ったことがあります。 b.猫を飼ったことがあります。c.ピアノを習ったことがあります。 2. a.英語を教えたこと

がありません。 b.山に登ったことがありません。c.ダイエットをしたことがありません。

Ⅱ. 1.Q：授業／クラス をサボったことがありますか。A：はい、あります。／いいえ、ありません。 2.Q：富士山に登ったことがありますか。A：はい、あります。／いいえ、ありません。

第11課-4 (p.103)

〔解答例〕1.（大学の近くに）郵便局や喫茶店があります。 2.時計や新しいシャツが買いたいです。 3.（誕生日に）ケーキや花をもらいました。4.（休みの日に）よくデパートや公園に行きます。5.（有名人の中で）○○や××に会いたいです。6.すしや天ぷらを食べたことがあります。7.（カラオケで）「○○」や「××」を歌います。

第11課-5 (p.104)

A.（あきら） 1. a, j 2. i （よしこ） 1. e, f, g 2. h（けん） 1. d 2. b, c

B. 1. c 2. d 3. Today: a, d Tomorrow: b, c

C. 1.社長になりたい 2.歌手になりたかった3.先生になりたくなかった／別に何もなりたくなかった

第11課-6 (p.105)

Ⅰ.〔解答例〕1.東京に行きました。 2.美術館に行ったり、たくさん買い物をしたりしました。3.おいしかったです。すしや天ぷらを食べました。 4.人がたくさんいて、にぎやかでした。 5.はい、また行きたいです。楽しかったですから。

Ⅱ.〔解答例〕1.（子供の時、）歌手になりたかったです。 2.はい、猫を飼ったことがあります。3.（今は）先生になりたいです。教えるのが好きですから。

第12課-1 (p.106)

Ⅰ. 1.おなかが痛いんです 2.彼女と別れたんです 3.かぜをひいたんです 4.二日酔いなんです 5.財布をなくしたんです 6.成績が悪かっ

たんです

II.〔解答例〕1. お金がないんです　2. 眠かったんです　3. たくさん勉強したんです　4. テストがあるんです

第12課-2　(p. 107)

I.　1. 甘すぎます　2. 難しすぎます　3. 寒すぎる　4. 働きすぎました　5. テレビを見すぎました　6. 緊張しすぎた　7. 歌を歌いすぎた　8. 遊びすぎた

II.〔解答例〕日本語の宿題は多すぎます。／母は話しすぎます。

第12課-3　(p. 108)

I.　1. 病院に行ったほうがいいです（よ）。　2. 漢字を覚えたほうがいいです（よ）。　3. お母さんに手紙を書いたほうがいいです（よ）。　4. 心配しないほうがいいです（よ）。　5. たばこを吸わないほうがいいです（よ）。　6. うそをつかないほうがいいです（よ）。

II.〔解答例〕1. 今日、出かけないほうがいいですよ　2. 何か食べたほうがいいですよ　3. 薬を飲んだほうがいいですよ

第12課-4　(p. 109)

I.　1. 毎日忙しいので、疲れています。　2. 日本語を勉強したかったので、日本に来ました。　3. 彼女は親切なので、（彼女が）好きです。　4. 政治に興味があるので、毎日、新聞を読みます。　5. 勉強しなかったので、成績が悪かったです。　6. 都合が悪いので、あしたパーティーに行きません。

II.〔解答例〕1. かっこいいので、○○が好きです。　2. スキーがしたいので、山に（いちばん）行きたいです。　3. 教えるのが好きなので、先生になりたいです。

第12課-5　(p. 110)

I.　1. 早く起きなければいけません／早く起きなきゃいけません　2. 教科書を買わなければいけ

ません／教科書を買わなきゃいけません　3. 練習しなければいけません／練習しなきゃいけません　4. 洗濯しなければいけません／洗濯しなきゃいけません　5. アルバイトをやめなければいけません／アルバイトをやめなきゃいけません

II.〔解答例〕1. a. 両親に手紙を書かなければいけません。／両親に手紙を書かなきゃいけません。　b. 部屋を掃除しなければいけません。／部屋を掃除しなきゃいけません。　2. a. 日本語の宿題をしなければいけませんでした。／日本語の宿題をしなきゃいけませんでした。　b. アルバイトをしなければいけませんでした。／アルバイトをしなきゃいけませんでした。

第12課-6　(p. 111)

I.　1. 東京はあしたくもりでしょう。気温は十七度ぐらいでしょう。　2. 大阪はあした雨でしょう。気温は二十度ぐらいでしょう。　3. 沖縄はあした晴れでしょう。気温は二十四度ぐらいでしょう。

II.〔解答例〕大阪はあした雨でしょう。気温は十二度ぐらいでしょう。

第12課-7　(p. 112)

A.

Patient	sore throat	headache	stomachache	cough	fever	doctor's suggestion
1	○			○	○	家でゆっくり休んだほうがいいです
2			○			あまり食べすぎないほうがいいです
3		○	○		○	大きい病院に行ったほうがいいです

B.　1. いいえ、（今晩飲みに）行きません。子供の誕生日なので、早く帰らなければいけません／帰らなきゃいけませんから。　2. いいえ、まだ（プレゼントを）買っていません。

C.

	天気 てんき	気温 きおん
1. 東京 とうきょう	雨ときどきくもり、暖かい あめ　　　　あたた	18℃
2. モスクワ	くもり、寒い さむ	-3℃
3. バンコク	晴れ、暑い は　あつ	33℃
4. キャンベラ	くもりときどき雨、涼しい あめ　すず	21℃

第12課-8 (p.113)
だい　か

〔解答例〕1.（あしたは）雨です。 2.（今、気温は）
かいとうれい　　　　　　　　　　　　　　　　いま　きおん
十八度ぐらいです。 3.（今、）映画に興味があり
じゅうはちど　　　　　　　　　　いま　えいが　きょうみ
ます。 4. はい、（日本語のクラスは宿題が）多
　　　　　　　　　にほんご　　　　　しゅくだい　おお
いと思います。 5. はい、（悪い成績を）取ったこ
　おも　　　　　　　　　　わる　せいせき　と
とがあります。 6.（かぜの時、）ゆっくり休んだ
　　　　　　　　　　　　とき　　　　　　やす
ほうがいいです。 7.（今週の週末、）掃除しな
　　　　　　　　　　　　こんしゅう　しゅうまつ　そうじ
ければいけません。 8. 日本の音楽が好きですか
　　　　　　　　　　　にほん　おんがく　す
ら。

▶読み書き編
　　よ　か　へん

第1課-1 (p.117)
だい　か

Ⅱ. 1. koi 2. ue 3. oka 4. aki 5. ike 6. kaku

Ⅲ. 1. あう 2. いえ 3. あい 4. かお 5. こえ
6. きく

第1課-2 (p.118)
だい　か

Ⅱ. 1. asa 2. tochi 3. katate 4. sushi 5. kisetsu
6. soto

Ⅲ. 1. たすけ 2. ちかてつ 3. せかい 4. かさ
5. とし 6. あそこ

第1課-3 (p.119)
だい　か

Ⅱ. 1. hifu 2. nanika 3. hone 4. shinu 5.
konoha 6. heta

Ⅲ. 1. ふね 2. ほし 3. はな 4. へそ 5. ぬの
6. ひにく

第1課-4 (p.120)
だい　か

Ⅱ. 1. machi 2. mise 3. mune 4. yume 5. moya
6. yomu

Ⅲ. 1. もち 2. まつ 3. かみ 4. おゆ 5. むすめ
6. よやく

第1課-5 (p.121)
だい　か

Ⅱ. 1. warau 2. yoru 3. kiiro 4. hare 5. ki o/wo
tsukete 6. shinri

Ⅲ. 1. わかる 2. れきし 3. めをさます 4. りろ
ん 5. らいねん 6. はんえい

第1課-6 (p.122)
だい　か

Ⅰ. 1. dekigoto 2. jidai 3.ganbaru 4. banpaku

Ⅱ. 1. かば 2. がいこくじん 3. もんだい 4. し
んぱい

Ⅲ. 1. okyakusan 2. kyonen 3. shakai 4.
minshushugi 5. ocha 6. hyaku en 7. kinjo 8.
ryokan

Ⅳ. 1. きょか 2. でんしゃ 3. じんじゃ 4. ちょ
きん 5. しゅくだい 6. さんびゃく

第1課-7 (p.123)
だい　か

Ⅰ. 1. ikkai 2. kissaten 3. zutto 4. shippo 5.
annai

Ⅱ. 1. いっしょ 2. もっと 3. きっぷ 4. ざんね
ん

Ⅲ. 1. okaasan 2. oniisan 3. kuuki 4. heewa 5.
soodan 6. suuji

Ⅳ. 1. おじいさん 2. おばあさん 3. つうやく
4. がくせい 5. おとうさん 6. とうきょう

第2課-1 (p.124)
だい　か

Ⅱ. 1. オーケー 2. ケーキ 3. ウエア 4. コーク
5. キウイ 6. ココア

第2課-2 (p.125)
だい　か

Ⅱ. 1. シーザー 2. スーツ 3. セット 4. ソック
ス 5. タコス 6. チーズ 7. タイ 8. デッキ

第2課-3 (p. 126)

Ⅱ. 1. ボサノバ　2. カヌー　3. ハーブ　4. ビキニ　5. ナッツ　6. ペット　7. コネ　8. ハッピー　9. ネクタイ　10. ノート

第2課-4 (p. 127)

Ⅱ. 1. メモ　2. ムード　3. ミニ　4. マヤ　5. ヨット　6. ユーザー　7. キャップ　8. シチュー　9. ショック　10. ハーモニカ

第2課-5 (p. 128)

Ⅱ. 1. ヨーロッパ　2. ワックス　3. ルーレット　4. アフリカ　5. ラーメン　6. シェークスピア　7. チェ・ゲバラ　8. ヨーグルト

第3課-2 (p. 130)

Ⅰ. 1. 四十一　2. 三百　3. 千五百　4. 二千八百九十　5. 六万七千　6. 十二万八千　7. 百万

Ⅱ. 1. 六百円　2. 時・十二時

Ⅲ. 1. このとけいは四万九千円です。　2. その／あの かばんは五千三百円です。　3. やまなかさんは六時におきます。　4. かわぐちさんは七時にだいがくにいきます。　5. すずきさんはたいてい十二時ごろねます。　6. (わたしは)ときどききっさてんでコーヒーをのみます。コーヒーは百八十円です。

第4課-2 (p. 132)

Ⅰ. 1. 日曜日　2. 月曜日　3. 火曜日　4. 水曜日　5. 木曜日　6. 金曜日　7. 土曜日

Ⅱ. 1. 日本・本・中　2. 水　3. 六時半　4. 人　5. 上・下　6. 日本人

Ⅲ. 1. (わたしは)金曜日に日本人のともだちとレストランにいきました。　2. (わたしは)土曜日に十時半ごろおきました。　3. (わたしは)月曜日に一人でおてらにいきました。　4. 本はつくえの上です。しんぶんは本の下です。

第5課-2 (p. 134)

Ⅰ. 1. 元気　2. 今日・天気　3. 男・人・山川　4. 女・人・山田　5. 私・行きました　6. 食べました・飲みました　7. 見ました

Ⅱ. 1. (私は)今日本にいます。　2. 田中さんは元気です。山川さんは元気じゃないです。　3. (私は)日本人の男の人と女の人と山に行きました。　4. (私は)火曜日にともだちとコーヒーを飲みました。　5. (私は)水曜日にいえでばんごはんを食べました。それから、テレビを見ました。

第6課-2 (p. 136)

Ⅰ. 1. 東・西・南・北　2. 南口・出て・右・五分　3. 西口・出て・左・十分　4. 大学生　5. 先生・外国

Ⅱ. 1. 私の大学に外国人の先生がたくさんいます。　2. 大学はぎんこうの左です。　3. 東口を出て、右に行ってください。　4. レストランは南口のちかくです。　5. (私は)レストランでさかなを食べて、おちゃを飲みました。　6. (私は)北口で二十分まちました。

第7課-2 (p. 138)

Ⅰ. 1. 東京・京子・お父さん・会いました　2. お母さん・毎日・会社　3. 帰ります　4. 小さくて・高い　5. 入って　6. 高校・日本語・文学

Ⅱ. 1. 京子さんのいもうとさんは高校生です。　2. 京子さんのお母さんは小さい会社につとめています。　3. 京子さんのお父さんは毎日おそくうちに帰ります。　4. (私は)日本語と文学をべんきょうしています。　5. 南さんはすこしえい語をはなします。

第8課-2 (p. 140)

Ⅰ. 1. 会社員・思います　2. 仕事・休む・言って　3. 新聞・読みます　4. 新しい・車　5. 次・電車・何時　6. 休み・作りました

Ⅱ. 1. (私は)電車で新聞を読みます。　2. (私は)アンケートを作りました。　3. (私は)日本の会社

員はいそがしいと思います。 4. 休みに何をしますか。 5. 母はらいしゅう東京に行くと言っていました。 6. 次の電車は十一時にきます。

第9課-2 (p. 142)

I. 1. 午前中・雨 2. 午後・友だち・家・話しました 3. 白い・少し・古い 4. 名前・知って・書いて 5. 二時間・来ませんでした

II. 1. (私は)午後友だちにてがみを書きました。 2. (私は)家で一時間本を読みました。 3. (私は)けんさんのお父さんと話しました。おもしろかったです。 4. 山下さんのいぬの名前はハチです。 5. 私のじしょは少し古いです。 6. 私の家に来てください。話しましょう。

第10課-2 (p. 144)

I. 1. 来年・町・住む 2. 今年・お正月・雪 3. 自分・売って・買いました 4. 道・立って 5. 朝・持って 6. 夜・長く

II. 1. (私は)小さい町に住んでいます。 2. きのうの朝、雪がふりました。 3. (私は)古い車を売って、新しいのを買いました。 4. 山田さんはせが高くて、かみが長いです。 5. かさを持ってい

ますか。 6. この道は夜しずかになります。

第11課-2 (p. 146)

I. 1. 手紙・明るい 2. 映画・歌ったり・勉強 3. 近く・病院 4. 旅行・好き 5. 市・有名・所

II. 1. (私は)休みの日に映画を見たり、歌を歌ったりします。 2. 私の友だちは近所に住んでいます。 3. (私は)いろいろな所に旅行しました。 4. (私は)あした病院に行きたくないです。 5. (私は)しょうらい有名になりたいです。 6. (私に)手紙を(書いて)ください。 7. (私は)外国語を勉強したことがありません。

第12課-2 (p. 148)

I. 1. 昔々・神さま 2. 牛・使って・働いて 3. 早く・起きます 4. 赤い・色・青い・色 5. 今度・連れて・帰ります 6. 別れました

II. 1. (私は)赤と青が好きです。 2. 今度、映画に行きましょう。 3. (私は)朝早く起きるのが好きじゃないです。 4. (私は)あなたと別れたくないです。 5. 電話を使ってもいいですか。 6. (私は)日曜日に働かなければいけません。

げんきⅡワークブック・解答

会話・文法編

第13課-1 (p. 11)

I. 1. あそんで・あそべる・あそべない 2. およいで・およげる・およげない 3. のんで・のめる・のめない 4. やめて・やめられる・やめられない 5. もってきて・もってこられる・もってこられない 6. まって・まてる・まてない 7. うたって・うたえる・うたえない 8. つくって・つくれる・つくれない 9. きいて・きける・きけない 10. して・できる・できない 11. きて・こられる・こられない 12. かえして・かえせる・かえせない 13. かえって・かえれる・かえれない

II.〔解答例〕1. a. 日本語が話せます。 b. すしが作れます。 2. a. 泳げません。 b. 上手に歌が歌えません。 3. a. ピアノが弾けました。 b. ゲームができました。 4. a. 肉が食べられませんでした。 b. たくさんの人の前で話せませんでした。

第13課-2 (p. 13)

I. 1. 話せます 2. 泳げません 3. 決められません 4. 行けません 5. 食べられます 6. 出かけられません

II. 1. どんな歌が歌えますか。 2. どこで安い服が買えますか。 3. きのうの夜、ぜんぜん寝られませんでした。 4. 子供の時、ピーマンが食べられませんでしたが、今食べられます。 5. 弁護士になれてうれしいです。

第13課-3 (p. 14)

I. 1. 寒いし・眠いし 2. 頭がいいし・ギターが弾けるし 3. あしたテストがあるし・先生に会わなきゃ／会わなければいけないし 4. よくうそをつくし・約束を守らないし 5. 大学に入れたし・友だちがたくさんいるし

II.〔解答例〕1. いいえ、働きたくないです。日本語は難しいし、物価は高いし。 2. はい、好きです。きれいな公園があるし、家族がいるし。 3. 冬のほうが好きです。雪が好きだし、スキーができるし。 4. 東京に行きたいです。友だちがいるし、おもしろい所がたくさんあるし。

第13課-4 (p. 15)

I. 1. この先生はやさしそうです。 2. このDVDはおもしろそうです。 3. この子供は元気そうです。 4. この指輪は高そうです。 5. この犬は頭が悪そうです。

II. 1. やさしそうな先生ですね。 2. おもしろそうなDVDですね。 3. 元気そうな子供ですね。 4. 高そうな指輪ですね。 5. 頭が悪そうな犬ですね。

第13課-5 (p. 16)

I.〔解答例〕1. 見てみます 2. 空手のクラスに行ってみます 3. 読んでみます 4. 食べてみます

II.〔解答例〕エジプト (Egypt) に行ってみたいです。そこでピラミッドを見てみたいです。／アフリカ (Africa) に行ってみたいです。そこで動物をたくさん見てみたいです。／中国に行ってみたいです。そこでいろいろな食べ物を食べてみたいです。

第13課-6 (p. 17)

I. 1. 魚なら食べますが、肉は食べません。 2. 車なら買いたいですが、バイクは買いたくないです。 3. 犬なら飼ったことがありますが、猫は飼ったことがありません。

II.〔解答例〕1. 中国なら行ったことがあります。 2. テニスならできます。 3. すき焼きなら作れます。 4. 五千円なら貸せます。

第13課-7 (p. 18)

I. 1. メアリーさんは一日に一時間日本語のCD

を聞きます。 2. ジョンさんは一週間に一回スーパーに行きます。 3. みちこさんは一か月に二回買い物に行きます。 4. けんさんは一年に一回外国に行きます。

Ⅱ. 〔解答例〕1. 一週間に一回ぐらい母に電話します。 2. 一日に二回歯を磨きます。 3. 一日に七時間ぐらい寝ます。 4. 一か月に一回ぐらい髪を切ります。 5. 一週間に二日ぐらい運動します。 6. 一年に一回ぐらいかぜをひきます。

第13課-8 (p. 19)

A.

	（外国語）	（運転）	（曜日）
中山 なかやま	英語 えいご	いいえ	月・水・土 げつ すい ど
村野 むらの	中国語 ちゅうごくご	はい	土・日 ど にち

B. a.○ b.× c.× d.○ e.○ f.× g.○

C. 1.a. 高 b. 暖かそうです c. 便利そうです 2. 買いません。高すぎますから。 3. 買います。もうすぐお父さんの誕生日ですから。 4. 買います。太りましたから。

第13課-9 (p. 20)

Ⅰ. 〔解答例〕1. はい、好きです。ピザやハンバーガーが作れます。 2. ほうれんそう (spinach) が食べられませんでした。 3. はい。宿題がたくさんあるし、レポートを書かなきゃいけないし。 4. 車を運転してみたかったです。 5. 秋葉原に行ってみたいです。 6. 一週間に三日、日本語の授業があります。

Ⅱ. 〔解答例〕1. ウエイターの仕事でした。 2. 一時間に八百円ぐらいもらいました。 3. 一週間に五日していました。

第14課-1 (p. 21)

Ⅰ. 1. ぬいぐるみがほしいです／ほしくないです。 2. 休みがほしいです／ほしくないです。 3. お金持ちの友だちがほしいです／ほしくないです。

Ⅱ. 1. 子供の時、大きい犬がほしかったです／ほしくなかったです。 2. 子供の時、楽器がほしか

ったです／ほしくなかったです。 3. 子供の時、辞書がほしかったです／ほしくなかったです。

Ⅲ. 〔解答例〕1. おもちゃがほしかったです。今はほしくないです。 2. お金がほしいです。新しいパソコンが買いたいですから。 3. 時間のほうがほしいです。毎日忙しすぎますから。

第14課-2 (p. 22)

Ⅰ. 1. けちかもしれません 2. かぶきに興味がないかもしれません 3. ぬいぐるみで遊ばなかったかもしれません 4. 一日に四回食べるかもしれません 5. メアリーさんにプロポーズしたかもしれません

Ⅱ. 〔解答例〕1. 友だちがいないかもしれません。 2. 毎日アルバイトをしているかもしれません。 3. 今日はスーさんの誕生日かもしれません。 4. きのうの夜、あまり寝られなかったかもしれません。

第14課-3 (p. 23)

Ⅰ. 1. (give) けんさんはスーさんに猫をあげました。 (receive) スーさんはけんさんに猫をもらいました。 2. 私はスーさんに辞書をあげました。 3. (give) スーさんは私にTシャツをくれました。 (receive) 私はスーさんにTシャツをもらいました。 4. 私はけんさんに時計をあげました。 5. (give) けんさんは私に帽子をくれました。 (receive) 私はけんさんに帽子をもらいました。

Ⅱ. 〔解答例〕1. 指輪をもらいました。彼にもらいました。 2. 漢字の辞書をあげるつもりです。友だちは漢字が好きだと言っていましたから。

第14課-4 (p. 24)

Ⅰ. 1. 会社に履歴書を送ったらどうですか 2. パーティーに行ったらどうですか 3. 早く寝たらどうですか 4. 先生に相談したらどうですか 5. 警察に行ったらどうですか

Ⅱ. 〔解答例〕1. どうしたんですか 2. 日本語の授業が難しすぎるんです 3. 先生に相談したらどうですか 4. そうします。ありがとうございます

第14課-5 (p.25)

Ⅰ.〔解答例〕1. キムさんは車を七台も持っています。 2. ジョンさんは去年本を三冊しか読みませんでした。 3. メアリーさんはアルバイトが三つもあります。 4. ジョンさんはきのう五時間しか寝ませんでした。 5. たけしさんは猫を六匹も飼っています。 6. みちこさんはＤＶＤを二枚しか持っていません。 7. けんは友だちが一人しかいません。

Ⅱ.〔解答例〕1. 五時間も見ました。 2. 千円しかありません。 3. 三本持っています。

第14課-6 (p.26)

A. すずき → よしだ → たなか → もり

B. 1. (a) 髪を切りたい (b) バス停の前の美容院に行ったら 2. (a) 日本語をもっと話したい (b) 何かサークルに入ったら 3. (a) ホストファミリーの子供たちに何かあげたい (b) ディズニーのＤＶＤをあげたら

C. 1. a.○ b.○ c.× d.○ e.× 2. まんがを一冊あげるつもりです。

第14課-7 (p.27)

Ⅰ.〔解答例〕1. 友だちにかわいいぬいぐるみをもらいました。 2. パソコンです。父がくれました。 3. 父の誕生日にセーターをあげるつもりです。私は編むのが好きですから。 4. 新しいカメラがほしいです。今のは古くて大きいですから。 5. 六枚も持っています。

Ⅱ.〔解答例〕私は十年後、日本で働いていると思います。大きい会社に勤めていて、お金持ちかもしれません。今の彼女と結婚しているかもしれません。

第15課-1 (p.28)

Ⅰ. 1. およげる・およごう 2. よめる・よもう 3. やめられる・やめよう 4. みがける・みがこう 5. うれる・うろう 6. すてられる・すてよう 7. こられる・こよう 8. つきあえる・つきあおう 9. そつぎょうできる・そつぎょうしよう

Ⅱ. 1. 今晩レストランで食べよう 2. 予約しようか 3. みちこさんも誘おう 4. どうやって行こうか 5. タクシーで行こう

第15課-2 (p.29)

Ⅰ. 1. 保険に入ろうと思っています 2. 両親にお金を借りようと思っています 3. 熱いお風呂に入って早く寝ようと思っています 4. 新しい服を買おうと思っています 5. 花を送ろうと思っています 6. 練習しようと思っています

Ⅱ.〔解答例〕1. 今度の休みに何をしようと思っていますか 2. 友だちが来る 3. 友だちといろいろな所に行こうと思っています 4. 試験があるので、勉強しようと思っています

第15課-3 (p.30)

Ⅰ. 1. 旅館を予約しておきます 2. 電車の時間を調べておきます 3. 新しい歌を練習しておきます 4. いいレストランを探しておきます 5. お金をおろしておきます

Ⅱ.〔解答例〕1. 水と食べ物を買っておきます。 2. たくさん勉強しておきます。 3. 暖かい服を買っておかなければいけません。

第15課-4 (p.31)

Ⅰ. 1. 私が毎日使う 2. 私が友だちに借りた 3. 父が私にくれたジャケット 4. 友だちが住んでいるマンション 5. 兄が予約した旅館

Ⅱ. 1. これは私が卒業した学校です。 2. これは私が去年登った山です。

第15課-5 (p.32)

Ⅰ. 1. 東京大学を卒業した人に会いました。 2. ロシアに行ったことがある友だちがいます。 3. きのう食べた料理はおいしかったです。 4. 中国語が話せる人を探しています。

Ⅱ.〔解答例〕1. プールがあるアパートがいいです。 2. いい店がたくさんある町に住みたいです。 3.

料理が上手な人がいいです。
りょうり じょうず ひと

第15課-6 (p.33)
だい か

A. 1. お寺で買った　2. 妹が編んだ　3. おじい
てら か　　　　いもうと あ
さんが若い時、使っていた　4. 友だちが誕生日
わか とき つか　　　 とも たんじょうび
にくれた　5. 先生に借りた　6. 彼女と京都で撮
せんせい か　　　 かのじょ きょうと と
った

B. 1. 勉強しよう　2. ありません　3. 食べ物がお
べんきょう　　　　　　　 た もの
いしい　4. 本で広島について調べておく　5. 宿
ほん ひろしま しら　　　　 しゅく
題をしておきます
だい

C. 1. ×　2. ×　3. ○　4. ○　5. ×

第15課-7 (p.34)
だい か

Ⅰ.〔解答例〕1. ホテルを予約しておかなければ
かいとうれい　　　　　　 よやく
いけません。　2. 花です。　3. 東京に友だちに会い
はな　　　　 とうきょう とも あ
に行こうと思っています。　4. ハワイに住んでい
い おも　　　　　　　　 す
る友だちがいます。　5. 海が見える家に住みたい
とも　　　　　　 うみ み いえ す
です。

第16課-1 (p.35)
だい か

Ⅰ. 1. 母の日に母に花を買ってあげます。　2. おば
はは ひ はは はな か
あさんを駅に連れていってあげます。　3. 先生が
えき つ　　　　　　　　 せんせい
推薦状を書いてくれます。
すいせんじょう か

Ⅱ. 1. 友だちに英語に訳してもらいます。　2. ホス
とも えいご やく
トファミリーのお母さんに漢字を教えてもらいま
かあ かんじ おし
す。　3. ルームメートに起こしてもらいます。
お

第16課-2 (p.36)
だい か

Ⅰ. 1. 家族が日本に来るので、（私は）京都を案内
かぞく にほん く わたし きょうと あんない
してあげます。　2. 姉は時々（私に）車を貸してく
あね ときどき わたし くるま か
れます。／（私は）時々姉に車を貸してもらいま
わたし ときどきあね くるま か
す。　3. 友だちは（私を）病院に連れていってくれ
とも わたし びょういん つ
ました。／（私は）友だちに病院に連れていって
わたし とも びょういん つ
もらいました。　4. 友だちは（私に）晩ご飯をおご
とも わたし ばん はん
ってくれました。／（私は）友だちに晩ご飯をおご
わたし とも ばん はん
ってもらいました。　5.（私は）家族に旅行の写真
わたし かぞく りょこう しゃしん
を見せてあげました。
み

Ⅱ. 1. くれます　2. くれます　3. もらいます　4.
あげます　5. くれます

第16課-3 (p.37)
だい か

Ⅰ. 1. お金を貸してくれない？　2.（私の）日本語
かね か　　　　　　　 わたし にほんご
を直してくれない？　3. あした七時に起こして
なお　　　　　　　 しちじ お
くれませんか。　4. もっとゆっくり話してくれま
はな
せんか。　5. 推薦状を書いていただけませんか。
すいせんじょう か
6. これを英語に訳していただけませんか。
えいご やく

Ⅱ.〔解答例〕1. お母さん、宿題をしてくれませ
かいとうれい かあ しゅくだい
んか。　2. お金を返してくれない？
かね かえ

第16課-4 (p.38)
だい か

Ⅰ. 1. 大学院に行きたいです。奨学金がもらえる
だいがくいん い しょうがくきん
といいんですが。　2. あしたの朝、試験がありま
あさ しけん
す。朝寝坊しないといいんですが。　3. 中国に行
あさねぼう ちゅうごく い
きたいです。来年行けるといいんですが。　4. バ
らいねん い
ーベキューをするつもりです。雨が降らないとい
あめ ふ
いんですが。

Ⅱ.〔解答例〕1. プレゼントがたくさんもらえると
かいとうれい
いいですね　2. いい仕事が見つかるといいです
しごと み
ね　3. 試験が難しくないといいですね　4. 早く
しけん むずか　　　　　　　 はや
よくなるといいですね

第16課-5 (p.39)
だい か

Ⅰ. 1. 来た　2. 来る　3. 朝寝坊した　4. な　5. の
き く あさねぼう

Ⅱ. 1. ご飯を食べる　2. ご飯を食べた・「ごちそう
はん た はん た
さま」と言います　3. 電車に乗る・切符を買いま
い てんしゃ の きっぷ か
す

第16課-6 (p.40)
だい か

Ⅰ. 1. 寝る時、歯を磨きました。(B)　2. 両親は結
ね とき は みが りょうしん けっ
婚した時、どこにも行きませんでした。(A)　3.
こん とき い
学校に行く時、バスに乗ります。(B)　4. この車
がっこう い とき の くるま
を買う時、銀行からお金を借りました。(B)　5.
か とき ぎんこう かね か
友だちにプレゼントをもらった時、うれしかった
とも とき
です。(A)　6. かばんをなくした時、警察に行き
とき けいさつ い
ました。(A)

Ⅱ.〔解答例〕1. 一人で晩ご飯を食べる時、悲しい
かいとうれい ひとり ばん はん た とき かな
です。　2. さびしい時、両親に電話します。　3.
とき りょうしん でんわ
スピーチをする時、緊張します。
とき きんちょう

第16課-7 (p. 41)

Ⅰ. 1. 先生の話を聞かなくてすみませんでした。
2. 夜遅く電話してごめん。 3. 誕生日パーティー
に行けなくてごめん。 4. 忙しくて、最近メール
を書かなくてごめん。 5. 先生に借りた本をなく
してすみませんでした。 6. 遅くなってごめん。

Ⅱ.〔解答例〕1. 最近電話しなくてごめん。 2. う
そをついてごめん。 3. よく授業をサボってすみ
ませんでした。 4. (to my girlfriend) ほかの人を好
きになってごめん。

第16課-8 (p. 42)

A. 1. T 2. T 3. T 4. H 5. H 6. T

B. 1. (1) e (2) a (3) b (4) d, f 2. 料理の本が
ほしいと思っています。みんなに日本料理を作
ってあげようと思っていますから。

C. 1. ○ 2. × 3. ○ 4. × 5. × 6. ○

第16課-9 (p. 43)

Ⅰ.〔解答例〕1. ご飯をおごってあげます。 2. 友
だちに電話してもらいたいです。 3. よくディズ
ニーランドに連れていってくれました。 4. 友だ
ちの卒業式に行った時、感動しました。 5. はい、
よく泣きます。感動した時、泣きます。 6. たい
てい、だれかに道を聞きます。

第17課-1 (p. 44)

Ⅰ. 1. 佐藤さんは離婚したそうです。 2. あしたは
寒くないそうです。 3. たけしさんは旅行会社に
就職したそうです。 4. 映画館は込んでいなかっ
たそうです。 5. たけしさんはあした試験がある
ので、今晩勉強しなきゃ/勉強しなければいけ
ないそうです。 6. トムさんの大家さんはとても
けちだそうです。

Ⅱ.〔解答例〕1. 長野で地震があったそうです 2.
あしたはとても寒くなるそうです 3. メアリー
さんによると、あしたは授業がないそうです

Ⅲ.〔解答例〕1. また円が高くなったって 2. 先
生は病気だって

第17課-2 (p. 45)

Ⅰ. 1. 服を脱いだら 2. かぎをかけたら 3. お金
が足りなかったら 4. あした寒くなかったら

Ⅱ. 1. 今週の週末雨が降らなかったら、バーベキ
ューをしましょう。 2. 私が先生だったら、毎週
試験をします。 3. 成績がよくなかったら、悲し
くなります。 4. 元気じゃなかったら、出かけま
せん。 5. 就職できなかったら、一年旅行に行き
ます。

第17課-3 (p. 46)

Ⅰ. 1. 私は家で皿を洗わなくてもいいです。ホス
トファミリーのお母さんがしてくれます。 2. そ
のホテルは込んでいないので、予約をしなくても
いいです。 3. パーティーに食べ物を持ってこな
くてもいいです。 4. 今日はおごってあげます。
払わなくてもいいです。 5. 宿題がないので、今
晩勉強しなくてもいいです。

Ⅱ. 1. 持っていかなくてもいいよ 2. しなくても
いいよ 3. 返さなくてもいいよ

Ⅲ.〔解答例〕あしたは休みなので、早く起きな
くてもいいです。/母が料理してくれるので、自
分で料理しなくてもいいです。

第17課-4 (p. 47)

Ⅰ. 1. 田中さんは私の母みたいです。 2. 田中さん
はかぜをひいたみたいです。 3. 田中さんは離婚
したみたいです。 4. 田中さんはけさ歯を磨かな
かったみたいです。 5. 田中さんは朝寝坊して電
車に乗り遅れたみたいです。

Ⅱ.〔解答例〕1. 男の人は急いでいるみたいです。
2. 本を読んでいるみたいです。 3. 切符をなくし
たみたいです。

第17課-5 (p. 48)

Ⅰ. 1. 料理する・手を洗います 2. ご飯を食べる・
「いただきます」と言います 3. ご飯を食べて・
「ごちそうさま」と言います 4. 皿を洗って・歯
を磨きます

Ⅱ. 1. テニスをしてから、日本語を一時間勉強しました。 2. かぎをかけてから寝ました。 3. 出かける前に、いつも天気予報を見ます。

第17課-6 (p.49)

A. 1.○ 2.× 3.× 4.○ 5.× 6.× 7.○

B. 1. No 2. Yes 3. No 4. Yes

C. 1. 日曜日に行くつもりです。 2. a. おいしいものが食べたい b. 買い物がしたい c. 六甲山に行きたい 3. 町で買い物をしたり、おいしいものを食べたりするつもりです。

第17課-7 (p.50)

Ⅰ. 〔解答例〕1. 旅行会社に就職しようと思っています。 2. いろいろな国を旅行したいです。 3. はい。サリーさんは彼と別れたそうです。 4. テレビのニュースによると、最近、いろいろな所で地震があったそうです。 5. 漢字を練習しました。 6. 運動するつもりです。

第18課-1 (p.51)

Ⅰ. 1. しめます 2. はいります 3. つけます 4. わきます 5. だします 6. きえます 7. こわれます 8. よごします 9. おちます

Ⅱ. 〔解答例〕1. はい、電気を消します。 2. いいえ、寒い時は窓を開けません。 3. いいえ、あまり服を汚しません。 4. はい、よく物を壊します。 5. いいえ、財布を落としたことがありません。

第18課-2 (p.52)

1. 開いています 2. 閉まっています 3. 壊れています 4. ついています 5. 汚れています 6. 消えています 7. 沸いています

第18課-3 (p.53)

Ⅰ. 1. もうレポートを書いてしまいました。 2. この本を読んでしまいました。 3. あまりお金がありませんでしたが、高いシャツを買ってしまいました。 4. 父の車を借りましたが、壊してしまい

ました。 5. 友だちが約束を守らなかったので、けんかしてしまいました。 6. 仕事をやめてしまったので、今仕事がありません。

Ⅱ. 1. 飲んじゃった 2. 捨てちゃった

第18課-4 (p.54)

Ⅰ. 1. 手紙が来ないと、悲しくなります。 2. パソコンを使うと、目が痛くなります。 3. 食べすぎると、気分が悪くなります。 4. この薬を飲むと、眠くなります。 5. 春が来ると、花が咲きます。

Ⅱ. 〔解答例〕1. 運動すると 2. 毎日、日本語を話すと 3. プレゼントをもらうと

Ⅲ. 〔解答例〕1. 寝る前にコーヒーを飲むと、寝られません。 2. 人がたくさんいる所で転ぶと、恥ずかしくなります。

第18課-5 (p.55)

Ⅰ. 1. 電話しながら、歩きます。／歩きながら、電話します。 2. ラジオを聞きながら、手紙を書きます。／手紙を書きながら、ラジオを聞きます。 3. 歌を歌いながら、アイロンをかけます。／アイロンをかけながら、歌を歌います。 4. コーヒーを飲みながら、本を読みます。／本を読みながら、コーヒーを飲みます。

Ⅱ. 1. テレビを見ながら宿題をしました。 2. 歩きながら食べないほうがいいですよ。 3. メアリーさんは笑いながら写真を見せてくれました。 4. 散歩しながら考えます。

Ⅲ. 〔解答例〕1. ラジオを聞きながら、勉強します。 2. 歌いながら自転車に乗るのが好きです。

第18課-6 (p.56)

Ⅰ. 1. カメラを買わなければよかったです。 2. 電話をすれば／かければよかったです。 3. あの服を買えばよかったです。 4. 授業をサボらなければよかったです。

Ⅱ. 〔解答例〕1. 買い物をしなければよかったです。 2. 車の中で本を読まなければよかったです。 3. もっと勉強すればよかったです。 4. きのうの

夜、出かけなければよかったです。

Ⅲ.〔解答例〕古い牛乳を飲まなければよかった
です。／あの時謝ればよかったです。

第18課-7 (p. 57)

A. 1. × 2. × 3. ○ 4. ○

B. 1. off 2. off 3. スイッチを押していませんで
した。

C. 1. 英語の学校に行っています。 2. 英語がで
きなくて、飛行機に乗り遅れました。 3. 学生の
時にもっと勉強しておけばよかったと言ってい
ました。

第18課-8 (p. 58)

Ⅰ.〔解答例〕1. 日本語の教科書が入っています。
2. はい、目覚まし時計を壊したことがあります。
友だちに新しい目覚まし時計をあげました。 3.
音楽を聞きながら、よく運転します。 4. もっと
ピアノを練習すればよかったと思います。 5. 友
だちと話したり、カラオケで歌ったりすると、元
気になります。

第19課-1 (p. 59)

1. 召し上がりました 2. お吸いになります 3.
ご覧になりました 4. お帰りになります 5. い
らっしゃいませんでした 6. 結婚していらっし
ゃいます 7. お会いになった 8. お話しになり
ます 9. おっしゃいました 10. くださいました
11. お休みになりました 12. なさいません 13.
書いていらっしゃる

第19課-2 (p. 60)

Ⅰ. 勉強した → 勉強なさった，教えていましたが
→ 教えていらっしゃいましたが，来ました → い
らっしゃいました，言っています → おっしゃっ
ています，買った → お買いになった，歌ってく
れます → 歌ってくださいます，練習した → 練
習なさった

Ⅱ. 1. お休みになりました 2. なさる 3. 召し上
がって

第19課-3 (p. 61)

Ⅰ. 1. 有名な先生が大学にいらっしゃいました。
2. 先生は卒業式でスピーチをなさいました。 3.
どんな音楽をお聞きになりますか。 4. もうこの
映画をご覧になりましたか。 5. 山下先生はとて
も疲れていらっしゃるみたいです。

Ⅱ. 1. (a) お書きください 2. (d) ご覧ください
3. (b) お待ちください 4. (c) お召し上がりくださ
い

第19課-4 (p. 62)

Ⅰ. 1. 家まで送ってくれてありがとう。 2. お金を
貸してくれてありがとう。 3. 町を案内してくれ
てありがとう。 4. 晩ご飯をごちそうしてくださ
ってありがとうございました。 5. 手紙を訳して
くださってありがとうございました。 6. パーテ
ィーに招待してくださってありがとうございま
した。

Ⅱ.〔解答例〕(father) 迎えに来てくれてありがとう。
／ (friend) 写真を見せてくれてありがとう。／
(professor) 推薦状を書いてくださってありがとう
ございました。

第19課-5 (p. 63)

Ⅰ. 1. 敬語を勉強してよかったです。 2. 田中さん
に会えてよかったです。 3. 雨が降らなくてよか
ったです。 4. あきらめなくてよかったです。 5.
電車に乗り遅れなくてよかったです。

Ⅱ.〔解答例〕この大学に入れてよかったです。／
道に迷わなくてよかったです。／レストランを予
約しておいてよかったです。

第19課-6 (p. 64)

Ⅰ. 1. 彼が来るから、スーさんは部屋を片付ける
はずです。 2. メアリーさんはいい学生だから、
授業をサボらないはずです。 3. カナダはアメリ
カより大きいはずです。 4. ジョンさんは中国に

住んでいたから、中国語が上手なはずです。
Ⅱ. 1. 食べないはずです／食べないはずだよ 2. 来るはずです
Ⅲ. 1. 着くはずでした 2. 来るはずでした 3. 難しくないはずでした／やさしいはずでした

第19課-7 (p.65)

A. 1. × 2. ○ 3. × 4. ○ 5. ○ 6. ×
B. 1. a. 高校へ行きました。 b. 高校生と話をしました。 c. 12:30 d. 高校生の歌を聞きました。 e. 空手の練習を見ました。 f. 高校の時のホストファミリーに会いました。 g. 東京へ帰りました。
2. a. ○ b. × c. ○
C. 1. c−E 2. d−C 3. e−D 4. b−A 5. a−B

第19課-8 (p.67)

Ⅰ.〔解答例〕1. まじめで、恥ずかしがり屋だと思います。 2. かぶきに興味があります。 3. はい、日本語を勉強してよかったと思います。日本人の友だちがたくさんできましたから。 4. 友だちに「悩みを聞いてくれてありがとう」と言いたいです。 5. はい、あります。友だちが約束を守らなかったので怒りました。

第20課-1 (p.68)

1. 参ります 2. 申します・いたします 3. いただきます 4. おります 5. ございます 6. でございます

第20課-2 (p.69)

1. お会いしました 2. お借りしました 3. おいれします 4. いただきました 5. お送りしました 6. お持ちしました 7. お貸ししました 8. お呼びしましょう 9. さしあげよう

第20課-3 (p.70)

Ⅰ. 1. 駅までお送りしましょうか。 2. 部長の荷物が重そうだったので、お持ちしました。 3. 部長が出張にいらっしゃる時、ビデオカメラをお貸

しします。 4. あしたはバレンタインデーなので、部長にチョコレートをさしあげようと思っています。
Ⅱ. 会いました → お会いしました，案内してもらいました → 案内していただきました，ごちそうしてもらいました → ごちそうしていただきました，聞きました → お聞きしました／伺いました，借りていた → お借りしていた，返しました → お返ししました，あげました → さしあげました

第20課-4 (p.71)

Ⅰ. 1. 住んでいらっしゃいますか 2. 住んでおります 3. いらっしゃいましたか 4. 参りました 5. いらっしゃいますか 6. おります 7. 何を勉強なさいましたか 8. 勉強いたしました
Ⅱ. 1. 森さんは九時に空港にお着きになりました 2. 初めて森さんにお会いしました 3. 森さんはクラブを持ってきていらっしゃらなかったので、私のをお貸ししました 4. 七時ごろホテルまでお送りしました

第20課-5 (p.72)

Ⅰ. 1. いいえ。天気予報を聞かないで出かけます。 2. いいえ。辞書を使わないで新聞を読みます。 3. いいえ。よく考えないで高い物を買います。 4. いいえ。手を洗わないでご飯を食べます。 5. いいえ。電話をかけないで友だちの家に遊びに行きます。 6. いいえ。ホテルを予約しないで旅行します。
Ⅱ.〔解答例〕1. お風呂に入らないで 2. 車に乗らないで 3. 宿題をしないで、学校に行きました。

第20課-6 (p.73)

Ⅰ. 1. このセーターを交換してくれるかどうか 2. 空港までどのぐらいかかるか 3. 弁護士になれるかどうか 4. 先生はワインを召し上がるかどうか知っていますか 5. となりの部屋にどんな人が住んでいるか知りません 6. メアリーさんの趣味は何か知っていますか 7. だれが家まで

送ってくれたか覚えていません　8.この教科書がいくらだったか覚えていますか

Ⅱ.〔解答例〕何歳の時、結婚するか知りたいです。／どんな会社に就職するか知りたいです。／幸せになれるかどうか知りたいです。

第20課-7　(p.74)

Ⅰ.〔解答例〕1.IQ84という　2.綾小路という　3.おからという　4.はせいちという本屋　5.ドラえもんというまんが

Ⅱ.1.住みやすいです　2.曲がりにくいです　3.歌いにくいです　4.相談しやすいです

第20課-8　(p.75)

A.1.d→b→e→a→c　2.(1)d　(2)e　(3)a

B.1.財布を持た　2.レポートを書か　3.かぎをかけなかった　4.教科書を持た

C.1.○　2.○　3.×　4.×

第20課-9　(p.76)

Ⅰ.〔解答例〕1.はい、あります。財布を取りに家に戻りました。　2.いいえ、知りません。リーさんは週末映画を見に行ったと思います。　3.人があまり多くない町が生活しやすいと思います。

Ⅲ.〔解答例〕ロバート・スミスと申します。イギリスからまいりました。今、日本の大学で日本語とビジネスを勉強しております。どうぞよろしくお願いいたします。

第21課-1　(p.77)

Ⅰ.1.いじめられる・いじめられる　2.読める・読まれる　3.帰れる・帰られる　4.話せる・話される　5.さわれる・さわられる　6.泣ける・泣かれる　7.笑える・笑われる　8.こられる・こられる　9.できる・される

Ⅱ.1.田中さんになぐられました　2.山本さんにばかにされます　3.お客さんに文句を言われます　4.どろぼうに家に入られました　5.どろぼうにかばんを盗まれました　6.知らない人に足を踏まれました

第21課-2　(p.78)

Ⅰ.1.私は日本語を間違えたので、子供に笑われました。　2.友だちに遊びに来られたので、勉強できませんでした。　3.喫茶店でウエートレスに私の服を汚されたので、怒りました。　4.私はよくクラスに遅刻するので、先生に怒られます。　5.よく兄に私の車を使われるので、困っています。

Ⅱ.1.毎晩、赤ちゃんに泣かれます。　2.まさおさんはようこさんにふられたそうです。　3.田中さんはお母さんによく日記を読まれます。　4.子供の時、まさおさんにいじめられました。　5.図書館で財布を盗まれました。

第21課-3　(p.79)

1.兄に日本語を教えてもらいました　2.兄にカメラを壊されました　3.兄にまんがを貸してもらいました　4.兄にチョコレートを食べられました　5.兄に有名なレストランで晩ご飯をごちそうしてもらいました　6.兄にばかにされます　7.子供の時、兄によくいじめられました

第21課-4　(p.80)

Ⅰ.1.カーテンが開けてあります。　2.ポスターが貼ってあります。　3.エアコンがつけてあります。　4.グラスが置いてあります。　5.ケーキが焼いてあります。

Ⅱ.1.晩ご飯が作ってあります。おいしいといいんですが。　2.寒いですね。ヒーターがつけてありますか。　3.かぶきの切符が二枚買ってあります。一緒に行きませんか。

第21課-5　(p.81)

Ⅰ.1.私が着替えている間に、ルームメートがコーヒーをいれてくれました。　2.赤ちゃんが寝ている間に、晩ご飯を準備します。　3.お風呂に入っている間に、田中さんから電話がありました。

4. 私が留守の間に、だれか来ましたか。 5. 両親が日本にいる間に、広島に連れていってあげるつもりです。

Ⅱ.〔解答例〕1. 寝ている 2. 猫が家に入りました 3. 旅行し・勉強し 4. 学生の・もっと勉強すれ

第21課-6 (p.82)

Ⅰ. 1. 両親が来るので、部屋をきれいにしなければいけません。 2. 覚えなければいけない単語がたくさんあります。少なくしてください。 3. 二万円は高すぎます。安くしてくれませんか。 4. 私が市長だったら、町を(もっと)安全にします。 5. 同僚が私の部屋に来て、部屋をめちゃくちゃにしました。

Ⅱ.〔解答例〕1. 社長だったら、休みを長くしたいです。 2. 市長だったら、税金を安くしたいです。 3. 大統領だったら、みんなを幸せにしたいです。

第21課-7 (p.83)

1. 私は主人に気がついてほしいです。 2. 私はどろぼうにパソコンを返してほしいです。 3. 私は父にほめてほしいです。 4. 私は先生に名前を間違えないでほしいです。 5. 私は政府に税金を安くしてほしいです。 6. 私は同僚に仕事を続けてほしいです。

第21課-8 (p.84)

A.

	男の人の問題	女の人のアドバイス
Dialogue 1	となりの人の目覚まし時計がうるさくて起きてしまう	「静かにしてください」と言う
Dialogue 2	きのうの夜、奥さんにかぎをかけられて、家に入れてもらえなかった	奥さんに何かプレゼントを買って帰る

B. 1. 冷蔵庫に入れてあった牛乳を全部飲まれました 2. 歴史のレポートのファイルを消されま

した 3. 経済のクラスで歴史のレポートを書いていた・怒られました

C. 1. ○ 2. × 3. × 4. ○ 5. ×

第21課-9 (p.85)

Ⅰ.〔解答例〕1. 友だちにうそをつかれたら、悲しくなります。 2. 家族が寝ている間にゲームをします。 3. はい、あります。財布を盗まれました。 4. はい、あります。どろぼうに入られた時、警察に電話をかけました。 5. 魔法が使えたら、私の家を大きくします。 6. 友だちに一緒に買い物に行ってほしいです。友だちは安くていい物を見つけるのが上手ですから。

第22課-1 (p.86)

Ⅰ. 1. 聞かれる・聞かせる 2. 消される・消させる 3. 撮られる・撮らせる 4. 読まれる・読ませる 5. 見られる・見させる 6. 呼ばれる・呼ばせる 7. される・させる 8. 買われる・買わせる 9. こられる・こさせる

Ⅱ. 1. 部長は山田さんに残業させました。 2. 部長は山田さんに車を運転させました。 3. 先生は毎週学生に発表をさせます。 4. 先生は学生に辞書で単語を調べさせました。

第22課-2 (p.87)

1. 部長は部下に英語の手紙を翻訳させました。 2. 部長は部下にお茶をいれさせました。 3. 部長は部下に書類のコピーを取らせました。 4. 部長は部下に迎えに来させました。 5. 部長は部下に手伝わせました。 6. 部長は部下に着替えさせました。 7. 部長は部下に書類を拾わせました。

第22課-3 (p.88)

Ⅰ. 1. 子供の時、両親は犬を飼わせてくれませんでした。 2. 父は一人暮らしをさせてくれません。 3. 友だちは時々車を使わせてくれます。 4. 高校の時、母は車の免許を取らせてくれませんでした。 5. テニスをする時、私は時々妹に

勝たせてあげます。

Ⅱ. 1. 電話を使わせてください。 2. 考えさせて
ください。 3. 今日は私にごちそうさせてくださ
い。 4. その有名人に会わせてください。

第22課-4 (p.89)

Ⅰ.〔解答例〕1. 早く学校に行きなさい 2. 野菜も
食べなさい 3. 宿題をしなさい 4. 早く寝なさ
い 5. 早く起きなさい 6. この服を着なさい

Ⅱ.〔解答例〕部屋を掃除しなさい。／勉強しなさ
い。

第22課-5 (p.90)

Ⅰ. 1. 早く寝れば、眠くなりません。 2. タクシー
に乗れば、間に合います。 3. 予約しておけば、
大丈夫です。 4. 残業すれば、プロジェクトが終
わります。 5. やってみれば、できるかもしれま
せん。

Ⅱ.〔解答例〕1. 何度も書けば、覚えられますよ
2. 私が作ったスープを飲めば、元気になります
よ

Ⅲ.〔解答例〕1. いつも笑っていれば、いい友だ
ちができますよ。 2. お金持ちと結婚すれば、楽
な生活ができます。 3. 助けてもらったり、助け
てあげたりすれば、みんなが幸せになります。

第22課-6 (p.91)

Ⅰ. 1. 今日、期末試験があるのに (b) 2. 毎日練習
したのに (d) 3. あの人にプレゼントをあげたの
に (e) 4. 兄弟なのに (c) 5. あの人は忙しくな
いのに (a)

Ⅱ.〔解答例〕1. 車を運転した 2. 成績がいいで
す 3. 仕事が大変な 4. 何でもしてあげた

第22課-7 (p.92)

Ⅰ.〔解答例〕1.「ハリー・ポッター」のような 2.
ニューヨークのような 3. ソニーのような

Ⅱ.〔解答例〕1. マイケル・ジャクソンのように
2. オペラ歌手 (opera singer) のように 3. 二十歳

の大学生のように

Ⅲ. 1. おじいさんのような人になりたいです。 2.
映画館は満員電車のように込んでいました。 3.
彼女は道に迷った時、赤ちゃんのように泣きまし
た。 4. 夏のような／夏のように暑い日が好きで
す。 5. メアリーさんとたけしさんは、夫婦のよ
うにいつも一緒にいます。 6. あなたのような怠
け者に会ったことがありません。

第22課-8 (p.93)

A. 1. C 2. B 3. A 4. A 5. B 6. C 7. B

B.

	今	大学生になったら
友だちと旅行する		○
アルバイトをする		○
一人暮らしをする		—

C. 1. 美術館に行きます。バスで行きます。 2.
セーターをほしがっています。ホテルのとなりの
店に行きます。 3. 警察に行きます。財布を盗ま
れましたから。

第22課-9 (p.94)

Ⅰ.〔解答例〕1. 空手を習わせたいです。強い人に
なってほしいからです。 2. 予習と復習をすれ
ば、いい成績が取れると思います。はい、してい
ます。 3. 母のような人になりたいです。母は頭
がよくて、いろいろなことをよく知っているから
です。 4. 高校の時、友だちの家に泊まりに行か
せてくれました。アルバイトをさせてくれません
でした。

第23課-1 (p.95)

Ⅰ. 1. 開けさせる・開けさせられる 2. 待たせる・
待たされる 3. 歌わせる・歌わされる 4. 話さ
せる・話させられる 5. 書かせる・書かされる
6. 入れさせる・入れさせられる 7. 飲ませる・
飲まされる 8. 訳させる・訳させられる 9. 作
らせる・作らされる 10. させる・させられる
11. こさせる・こさせられる 12. 受けさせる・

受けさせられる

Ⅱ．1. ゆみさんはお母さんにアイロンをかけさせられます。　2. ひろこさんは先輩にボールを拾わされます。　3. きょうこさんは部長にコピーを取らされます。

第23課-2　(p. 97)

Ⅰ．1. 私に宿題を手伝わせました・弟に宿題を手伝わされました　2. 私にペットの世話をさせました・親にペットの世話をさせられました　3. 私に皿を洗わせました・親に皿を洗わされました

Ⅱ．〔解答例〕1. 毎日ピアノを練習させられました。　2. 長い作文を書かされました。　3. クラブの先輩にお弁当を買いに行かされました。

第23課-3　(p. 98)

1. 私は友だちに笑われました。　2. 私は友だちにたばこをやめさせられました。　3. 私は親に旅行をあきらめさせられました。　4. 私は子供の時、友だちに悪口を言われました。　5. 私は子供の時、母に一日に三回歯を磨かされました。　6. 私は友だちに駅で一時間待たされました。　7. 私はお客さんに文句を言われました。　8. 私は蚊に刺されました。

第23課-4　(p. 99)

Ⅰ．1. 雨がやんでも、出かけません。　2. 私が約束を守らなくても、友だちは何も言いません。　3. 授業がつまらなくても、文句を言いません。　4. 走っても、間に合いません。　5. その場所が安全でも、注意した／気をつけたほうがいいです。

Ⅱ．〔解答例〕1. いじめられて　2. 幸せじゃなくて　3. 日本語の勉強を続けます　4. 家族（に反対されても）、日本に留学します。　5. お父さんの料理（がまずくても）、食べます。

第23課-5　(p. 100)

Ⅰ．1. みちこさんは来年試験を受けることにしま

した。　2. けんさんは今年就職しないことにしました。　3. レポートの締め切りはあしたなので、ジョンさんは徹夜することにしました。　4. きょうこさんは大学を卒業してから、留学することにしました。　5. 病気になるかもしれないので、保険に入ることにしました。

Ⅱ．〔解答例〕1. 海外旅行に行くことにしました　2. 出かけないことにしました　3. 公園で友だちと野球をすることにしました　4. 毎朝六時に起きて練習することにしました　5. 日本に留学することにしました

第23課-6　(p. 101)

Ⅰ．1. 毎日走ることにしています。　2. 危ない所に行かないことにしています。　3. 一日に三回歯を磨くことにしています。　4. 悪口を言わないことにしています。　5. 一週間に一回両親に電話をかけることにしています。　6. 病気でも、授業を休まないことにしています。　7. 弟にうそをつかれても、怒らないことにしています。

Ⅱ．〔解答例〕1. 三十分歩くことにしています。　2. 甘いものを食べないことにしています。太るからです。

第23課-7　(p. 102)

Ⅰ．1. お金をためるまで、旅行しません。　2. 宿題が終わるまで、待ってくれませんか。　3. 二十歳になるまで、お酒を飲んではいけません。　4. アパートを見つけるまで、私の家にいてもいいですよ。　5. 田中さんは選挙に勝つまで、ビールを飲みませんでした。　6. 雨がやむまで、待たなければいけませんでした。

Ⅱ．〔解答例〕1. 卒業するまで、日本語の勉強を続けるつもりです。　2. 結婚するまで、親と住むつもりです。　3. 新しい仕事を見つけるまで、今の町にいるつもりです。

第23課-8　(p. 103)

Ⅰ．1. 敬語の使い方がわかりません。　2. 飛行機の予

約のし方を知っていますか。 3. お茶のいれ方が知りたいです。 4. 泳ぎ方を教えてくれませんか。
Ⅱ.〔解答例〕1. まず、単語のカードを作ります。それを何度も見て練習すれば、覚えられますよ2. (A) この野菜の食べ方 (B) 小さく切って焼いたら、おいしいですよ。サラダに入れてもいいですよ。

第23課-9 (p. 104)

A. Dialogue 1: a, d, e   Dialogue 2: a, d, e, f
B. Dialogue 1: a. ◯ b. ×   Dialogue 2: a. ◯ b. ×
C.

	学生の知りたいこと	たかこさんのアドバイス
Dialogue 1	漢字の覚え方	読み方はカードを作って、書き方はノートにたくさん書いて覚えます
Dialogue 2	空港の行き方	駅からバスで行きます

第23課-10 (p. 105)

Ⅰ.〔解答例〕1. 最近、先生に長い作文を書かされました。 2. 間違えても、日本語で話すことにしています。／時間がかかっても、歩いて大学に行くことにしています。／だれかに悪口を言われても、悪口を言わないことにしています。 3. いつも文句を言っている人に我慢できません。 4. はい、あります。有名なレストランで食べたのに、ぜんぜんおいしくなかったからです。 5. 紙に書いて、覚えます。

▶ 読み書き編

第13課-2 (p. 110)

1. くに・食べ物・飲み物 2. 特に・鳥・肉 3. 昼・空港・着きました 4. 朝ご飯・まいにち・同じ物 5. こうこうせい・とき・海 6. ときどき・きぶん・悪く 7. ご飯・安くて・体 8. いっしょう・いちど 9. 買い物・料理・昼ご飯 10. 空気・悪い 11. 着物・着て

第14課-2 (p. 112)

1. 彼・親切・としうえ 2. にかげつご・留学・家族 3. 店・英語・じょうず 4. 急に・病気・医者 5. 去年・本当に・楽しかった 6. 東京・ほっかいどう・乗りました 7. 彼女・留学生・音楽 8. 時代・さんねんかん 9. 仕事・買い物・急いで 10. 父親・切って

第15課-2 (p. 114)

1. 夏休み・自転車・借りました 2. 地下・広場・通ります 3. 建物・走って 4. 意味 5. 夏・お寺 6. 魚・足 7. にじゅうまんにん・死にました 8. 広い・注意 9. まち・うまれました・近く・ゆうめいな・神社 10. いちねんじゅう・にんき 11. おかね・たのしんで

第16課-2 (p. 116)

1. 世界・教室 2. 子供・運動して・食べます 3. 全部・自分・考えて 4. 以外・毎週 5. 部屋・開けて・そら 6. しょうがくせい・味方 7. 始まる・だして 8. ばしょ・本屋・始めます 9. 先週・一週間・運転・教えて

第17課-2 (p. 118)

1. ふたり・結婚・発表しました 2. 写真・集めて 3. 小野・ご主人・三十歳 4. わるい・習いました 5. 作品・つくりました 6. はちじゅうねんだい・主に・分野・活動 7. 文字・なんども 8. 歩いて・帰りました 9. そのご・長野・生活 10. 写す

第18課-2 (p. 120)

1. 食堂・映画館 2. 授業・目的 3. 洋服・貸して 4. らいしゅう・試験・終わります 5. まいつき・でんきだい 6. したしい・からて 7. だんしがくせい・じょしがくせい・図書館・宿題 8. みっか・いじょう・力仕事 9. 目・いれて・服 10. 旅館・地図

第19課-2 (p.122)

1. お兄さん・お姉さん　2. 春・秋　3. 姉・漢字・研究して　4. 冬・花　5. 手紙・様　6. 質問・多くて・不安　7. 工学・来年・卒業します　8. ゆうじん・おもいだします　9. たいせつ・おせわ　10. 兄・だいがくいん・冬休み

第20課-2 (p.124)

1. 心・笑って・続けました　2. そと・両親・払って　3. 皿・枚・両　4. 無理　5. 茶店・入って・はなし　6. 絶対・止まらないで　7. 最近・痛くて・声　8. お茶・最悪　9. 家族・買いました

第21課-2 (p.126)

1. 初めて・台風　2. 兄弟・犬・写真・送りました　3. 幸せ・信じて　4. 時計・遅れて　5. おや・若い　6. 弟・重い・びょうき・にゅういん　7. 妹・三台　8. しょくじ・遅かった　9. かよって・乗り遅れて　10. 初め・心配・経験

第22課-2 (p.128)

1. 駅員・案内して　2. 黒い・東京駅・待って　3. 黒木・一番・小説　4. 一回・説明したら　5. 用事・かわりに　6. 銀行・忘れて　7. ふつかかん・日記　8. 週末・お守り・しんゆう　9. 残業・留守番電話・残しました　10. 夕方・留守

第23課-2 (p.130)

1. にんげん・感情・あらわす　2. 悲しそう・顔・答えました　3. ぜんいん・結果・変だ　4. 答え／答・違います　5. さいしょ・調べて　6. しゃかい・文化・比べて　7. 相手・表情　8. 横・感動して　9. 間違えて・怒られました　10. くち・笑います　11. さいご・調査・大変でした

ワークブック「聞く練習」スクリプト
<small>き　　れんしゅう</small>

第1課 (p. 17)
<small>だい　か</small>

Ⓐ W01-A

1. ありがとうございます。
2. さようなら。
3. あっ、すみません。
4. おはよう。
5. おやすみなさい。
6. こんにちは。
7. はじめまして。よろしくおねがいします。
8. こんばんは。
9. ごちそうさま。
10. いってきます。
11. ただいま。

Ⓑ W01-B

Example：

乗 客：すみません。今、何時ですか。
乗務員：今、六時です。
乗 客：東京は、今何時ですか。
乗務員：午前八時です。

1.

乗 客：すみません。今、パリは何時ですか。
乗務員：今、午前四時です。
乗 客：ありがとうございます。
乗務員：いいえ。

2.

乗 客：すみません。今、何時ですか。
乗務員：今、七時です。
乗 客：ソウルは、今何時ですか。
乗務員：午後九時です。

3.

乗 客：すみません。ニューヨークは今何時ですか。
乗務員：午後一時です。
乗 客：ありがとう。

乗務員：いいえ。

4.

乗 客：すみません。ロンドンは今何時ですか。
乗務員：七時半です。
乗 客：午前ですか、午後ですか。
乗務員：午前です。

5.

乗 客：すみません。台北は今何時ですか。
乗務員：午前十一時です。
乗 客：ありがとうございます。
乗務員：いいえ。

6.

乗 客：すみません。シドニーは今何時ですか。
乗務員：三時半です。午後三時半です。
乗 客：ありがとうございます。
乗務員：いいえ。

Ⓒ W01-C

Example:

田中：すみません。鈴木さんの電話番号は何ですか。
交換：51-6751（ごいちの ろくななごいち）です。
田中：51-6751（ごいちの ろくななごいち）ですね。
交換：はい、そうです。

1.

田中：すみません。川崎さんの電話番号は何ですか。
交換：905-0877（きゅうぜろごの ぜろはちなな なな）です。
田中：905-0877（きゅうぜろごの ぜろはちなな なな）ですね。
交換：はい、そうです。

2.

田中：すみません。リーさんの電話番号は何ですか。

交換：5934-1026（ごきゅうさんよんの いちぜろにろく）です。

田中：5934-1026（ごきゅうさんよんの いちぜろにろく）ですね。

交換：はい、そうです。

田中：どうもありがとう。

3.

田中：すみません。ウッズさんの電話番号は何ですか。

交換：49-1509（よんきゅうの いちごぜろきゅう）です。

田中：49-1509（よんきゅうの いちごぜろきゅう）ですね。

交換：はい、そうです。

4.

田中：すみません。トンプソンさんの電話番号は何ですか。

交換：6782-3333（ろくななはちにの さんさんさんさん）です。

田中：6782-3333（ろくななはちにの さんさんさんさん）ですね。

交換：はい、そうです。

Ⓓ W01-D

1.

ケイト：あきらさんは学生ですか。

あきら：はい、日本大学の学生です。

ケイト：今、何年生ですか。

あきら：一年生です。

ケイト：専攻は何ですか。

あきら：ビジネスです。

2.

あきら：ケイトさんは留学生ですか。

ケイト：ええ、アメリカ大学の三年生です。

あきら：そうですか。専攻は何ですか。

ケイト：日本語です。

第2課 (p. 25)

Ⓐ W02-A

客A：すみません。ガムください。

店員：百円です。どうも。

客B：新聞ください。

店員：ええと、八十円です。

客C：あの、このかさはいくらですか。

店員：千円です。

客C：じゃあ、これください。

店員：どうも。

客B：すみません。コーラください。

店員：はい。百二十円です。

Ⓑ W02-B

メアリー：たけしさん、私の友だちのクリスティ・田中さんです。

クリスティ：はじめまして。クリスティです。

たけし：はじめまして。木村たけしです。あの、クリスティさんはアメリカ人ですか。

クリスティ：いいえ、アメリカ人じゃないです。フランス人です。パリ大学の学生です。専攻は英語です。

たけし：そうですか。クリスティさんのお父さんは、日本人ですか。

クリスティ：ええ。

たけし：お母さんはフランス人ですか。

クリスティ：ええ、そうです。

Ⓒ W02-C

たけし：メアリーさん、このレストランの天ぷらはおいしいですよ。

メアリー：天ぷら？　天ぷらはいくらですか。

たけし：えっと……千二百円ですね。

メアリー：千二百円。うーん……。あのう……すきやきは何ですか。

たけし：肉です。

メアリー：いいですね。ええと……すきやき

……。えっ、三千円！ 高いですね。

たけし：そうですね。あの……うどんは六百円
です。

メアリー：じゃあ、私はうどん。

たけし：じゃあ、私も。

第3課 (p. 33)

Ⓐ W03-A

スー：メアリーさん、週末何をしますか。

メアリー：土曜日は京都へ行きます。

スー：京都？

メアリー：ええ、映画を見ます。スーさんは？

スー：土曜日はうちで本を読みます。でも、日曜
日に大阪へ行きます。レストランで晩ご飯を食
べます。

メアリー：そうですか。私は日曜日は図書館で
勉強します。

Ⓑ W03-B

リーダー：あしたのスケジュールです。あしたは
六時に起きます。

生徒A：朝ご飯は何時ですか。

リーダー：七時半です。七時半に朝ご飯を食べま
す。

生徒B：朝は何をしますか。

リーダー：九時にテニスをします。十二時半に
昼ご飯を食べます。

生徒A：午後は何をしますか。

リーダー：一時半に勉強します。三時にヨガを
します。六時に晩ご飯を食べます。

生徒B：あしたも映画を見ますか。

リーダー：はい。七時半に映画を見ます。日本の
映画ですよ。

生徒A：何時に寝ますか。

リーダー：十一時半に寝ます。じゃあ、おやす
みなさい。

Ⓒ W03-C

友だち：スーさんはよく勉強しますか。

スー：ええ。毎日、日本語を勉強します。よく
図書館に行きます。図書館で本を読みます。

友だち：週末は何をしますか。

スー：そうですね。よく友だちと映画を見ます。

友だち：日本の映画ですか。

スー：いいえ、アメリカの映画をよく見ます。日
本の映画はあまり見ません。それから、ときど
きテニスをします。

友だち：毎日、朝ご飯を食べますか。

スー：いいえ、食べません。でもときどきコーヒ
ーを飲みます。

Ⓓ W03-D

友だち：メアリーさん、喫茶店でコーヒーを飲み
ませんか。

メアリー：うーん、ちょっと……。私、家に帰
ります。

友だち：えっ、家に帰る？ 今、八時ですよ。早
いですよ。

メアリー：でも……今晩、勉強します。

友だち：日本語ですか。

メアリー：ええ。日本語。本を読みます。

友だち：そうですか……。じゃあ、メアリーさん、
喫茶店で日本語を話しませんか。

メアリー：すみません。おやすみなさい。

友だち：あ、メアリーさん、お願いします。あし
た、学校で昼ご飯を食べませんか。

メアリー：いいえ。私、あした、学校に行きま
せん。さようなら。

友だち：あ、メアリーさ～ん……。

第4課 (p. 43)

Ⓐ W04-A

メアリー：お父さんは今日、何をしましたか。

ホストファミリーの父：うちでテレビを見ました
よ。

メアリー：一人で？

父：ええ、お母さんは友だちとデパートへ行きま
した。

メアリー：そうですか。お父さん、あしたは何を
　　します。

父：うーん……。

メアリー：じゃあ、テニスをしませんか。

父：ああ、いいですね。

Ⓑ W04-B

　これは、金曜日のパーティーの写真です。

　私の右はお母さんです。私の左はお父さんで
す。

　お母さんのとなりはマイクさんです。マイクさ
んはオーストラリア人です。

　マイクさんの後ろはりかさんです。りかさんは
マイクさんの友だちです。

　私の後ろは、たけしさんです。たけしさんは
さくら大学の学生です。

　たけしさんの左は、けんさんです。

Ⓒ W04-C

先生：みなさん、おはようございます。

学生全員：おはようございます。

先生：今日は何月何日ですか。ロバートさん。

ロバート：えーっと、九月じゅうようかです。

先生：じゅうようかですか。

ロバート：あっ、じゅうよっかです。

先生：そうですね。何曜日ですか。スーさん。

スー：月曜日です。

先生：そうですね。週末はどうでしたか。何を
　　しましたか。スーさん。

スー：友だちに会いました。友だちとカラオケへ
　　行きました。勉強もしました。

先生：そうですか。メアリーさんは何をしました
　　か。

メアリー：うちで手紙を書きました。それから、
　　たくさん勉強しました。

先生：そうですか。いい学生ですね。ロバートさ
　　んは？

ロバート：東京に行きました。東京でたくさん
　　写真を撮りました。買い物もしました。

先生：そうですか。勉強もしましたか。

ロバート：いいえ、ぜんぜんしませんでした。

先生：今日は、テストがありますよ。

ロバート：えっ、テストですか!?

第5課 (p.52)

Ⓐ W05-A

不動産屋：この家はどうですか。

客：新しい家ですか。

不：いいえ、ちょっと古いです。でも、きれいで
　　すよ。

客：静かですか。

不：ええ、とても静かです。

客：部屋は大きいですか。

不：あまり大きくないです。でも、部屋はたくさ
　　んありますよ。

客：いくらですか。

不：一か月九万四千円です。

客：えっ。高いですね。

不：高くないですよ。安いですよ。

Ⓑ W05-B

司会者：こんにちは。お名前は？

鈴木：鈴木ゆうこです。

司会者：鈴木さんですね。お名前をお願いします。

吉田：吉田です。

川口：川口です。

中山：中山です。

司会者：吉田さんはどんな人が好きですか。

吉田：私はやさしい人が好きです。

司会者：川口さんは？

川口：ぼくはおもしろい人が好きです。

司会者：中山さんは？

中山：静かな人が好きですね。

司会者：鈴木さん、じゃあ、聞いてください。

鈴木：はい。休みには何をしますか。

司会者：吉田さんは休みに何をしますか。

吉田：テニスをします。

司会者：川口さんは？

川口：ぼくは友だちと一緒にご飯を食べます。

司会者：中山さんは？

中山：私は家でテレビを見ます。

司会者：そうですか。では鈴木さん、どの人がいいですか。

鈴木：吉田さんです。

司会者：吉田さん、おめでとうございます！

Ⓒ W05-C

インタビュアー：メアリーさんは音楽が好きですか。

メアリー：ええ、好きです。

イ：どんな音楽が好きですか。

メ：そうですね。Jポップが好きです。うちでよく聞きます。

イ：ロックも好きですか。

メ：いいえ、ロックはあまり好きじゃないです。

イ：そうですか。クラシックは？

メ：きらいです。クラシックはわかりません。

イ：週末何をしますか。

メ：そうですね。よく映画を見ます。

イ：どんな映画ですか。

メ：うーん。アクション映画が好きです。先週「ダイ・ハード」を見ました。とてもおもしろかったです。

インタビュアー：たけしさんはどんな音楽が好きですか。

たけし：ロックが大好きです。よくロックを聞きます。

イ：そうですか。Jポップは？

た：あまり聞きません。あまり好きじゃないです。

イ：クラシック音楽は好きですか。

た：ええ、好きです。ときどきコンサートへ行きます。

イ：そうですか。映画はどうですか。

た：好きです。アクション映画とホラー映画が大好きです。

第6課 (p.62)

Ⓐ W06-A

ユースの人：朝ご飯は七時半です。七時半にここ

に来てください。ええと、お昼ご飯はありません。

客1：すみません。部屋でたばこを吸ってはいけませんか。

ユースの人：すみません。たばこはロビーで吸ってください。

客2：朝、お風呂に入ってもいいですか。

ユースの人：すみません。朝はシャワーを使ってください。それから、ロビーのとなりにコインランドリーがあります。使ってください。

Ⓑ W06-B

朝、私の部屋に入って、窓を開けてください。冷蔵庫にミルクがあります。飲んでください。冷蔵庫の中の食べ物も食べてください。メアリーさんの本がつくえの上にあります。メアリーさんに返してください。

それから、土曜日にパーティーをしますから、ロバートさんに電話をかけて、カメラを借りてください。

金曜日にパーティーの買い物をしてください。じゃあ、お願いします。

Ⓒ W06-C

たけし：みちこさん、ピクニックに行きませんか。

みちこ：いいですね。いつですか。

たけし：今週の土曜日はどうですか。

みちこ：ああ、土曜日はアルバイトがありますから、ちょっと……。でも、日曜日はいいですよ。スーさんは？

スー：私も土曜日はちょっと……。友だちが来ますから。ロバートさんはどうですか。

ロバート：土曜日はいいですよ。でも日曜日はうちで勉強します。月曜日にテストがありますから。

たけし：じゃあ、来週行きましょうか。

みんな：そうですね。

第7課 (p.71)

Ⓐ W07-A

警察：ロバートさん、あなたはきのうの夜十一時ごろ何をしていましたか。

ロバート：ぼくは、部屋で宿題をしていました。

警察：一人で？

ロバート：いいえ、スーさんと。

警察：ほかの学生は何をしていましたか。

ロバート：たけしさんとけんさんは、たけしさんの部屋で音楽を聞いていました。それから、みちこさんは、お風呂に入っていました。

警察：じゃあ、トムさんは？

ロバート：トムさん？　さあ……。

警察：どうもありがとう。トムさんはどこですか。

Ⓑ W07-B

みなさん、こんにちは。わあ、有名な人がたくさん来ていますね。

あっ、アーノルド・スタローンさんが来ました。Tシャツを着て、ジーンズをはいています。背が高くて、かっこいいですね。

そして、野口えりかさんです。きれいなドレスを着ています。ぼうしもかぶっています。かわいいですね。

そして……あっ、松本ゆいさんです。今日はめがねをかけています。髪が長くて、いつもきれいですね。新しいボーイフレンドと来ました。髪が短くて、ちょっと太っていますね。

Ⓒ W07-C

メアリー：すみません。ちょっといいですか。

田中：はい。

メアリー：あの、お名前は。

田中：田中です。

メアリー：今日はここに何をしに来ましたか。

田中：今日ですか。友だちの誕生日のプレゼントを買いに来ました。

メアリー：何を買いますか。

田中：映画のDVDを買います。

メアリー：そうですか。どうもありがとうございました。

メアリー：すみません。お名前は。

佐藤：佐藤です。

メアリー：今日は何をしに来ましたか。

佐藤：遊びに来ました。カラオケで歌います。

メアリー：そうですか。ありがとうございました。

メアリー：すみません。お名前は。

鈴木：鈴木です。

メアリー：今日は何をしに来ましたか。

鈴木：妹に会いに来ました。妹はこのデパートに勤めていますから。

メアリー：そうですか。ありがとうございました。

第8課 (p.80)

Ⓐ W08-A

1. 見ないでください。
2. ここで写真を撮らないでください。
3. 行かないでください。
4. 消さないでください。
5. 死なないでください。
6. ここでたばこを吸わないでください。
7. となりの人と話さないでください。

Ⓑ W08-B

ロバート：けん、日曜日ひま？

けん：うん。ひまだよ。

ロバート：一緒にゲームしない？

けん：うん。いいね。いつする？

ロバート：四時半は？

けん：いいよ。たけしもすると思う？

ロバート：ううん。たけしはアルバイトがあると言っていた。

けん：トムは来る？

ロバート：うん。トムは大丈夫だと思う。日曜日は忙しくないと言っていたから。

けん：じゃあ、三人だね。

Ⓒ W08-C

　みなさん、私は本間先生にインタビューしました。先生は背が低くて、やさしくて、頭がいい女の人が好きだと言っていました。

　週末は、よくテニスをすると言っていました。

　テレビでスポーツを見るのも好きだと言っていました。ぜんぜんデートをしないと言っていました。ときどき料理をしますが、あまり上手じゃないと言っていました。

　日本語のクラスは、にぎやかでとてもおもしろいクラスだと言っていました。でも、学生はあまり勉強しないと言っていました。だから、大変だと言っていました。

第9課 (p. 89)

Ⓐ W09-A

けん：みちこさん、遅くなってごめんなさい。待った？

みちこ：うん。十分ぐらいね。

けん：もう、晩ご飯食べた？

みちこ：ううん、まだ食べていない。

けん：じゃあ、何か食べる？

みちこ：うん。

けん：何がいい？ イタリア、フランス、中国料理……。

みちこ：うーん、そうね、ピザは？

けん：いいね。おいしいレストラン知っているから、そこへ行く？

みちこ：うん。それはどこ？

けん：あそこ。あのホテルの中だよ。

Ⓑ W09-B

じゅん：先週のパーティーの写真です。

ロバート：ケーキを食べている人がじゅんさんですね。

じゅん：ええ。

ロバート：ワインを飲んでいる人はだれですか。

じゅん：ぼくの友だちです。

ロバート：きれいな人ですね。この歌を歌っている女の人もきれいですね。

じゅん：ああ、ぼくの妹ですよ。そのとなりが弟です。

ロバート：この踊っている人はだれですか。

じゅん：姉と友だちのマイケルです。

ロバート：そうですか。この後ろで寝ている男の人は？

じゅん：父です。犬のポチも寝ています。

ロバート：じゃ、お母さんは？

じゅん：母はいません。写真を撮っていましたから。

Ⓒ W09-C

客A：コーヒーを五つください。

店員：はい、六百円です。

客B：オレンジを三つください。

店員：はい、百八十円です。

客C：おにぎりを九つお願いします。

店員：九つ……えっと、千八十円です。

客D：お茶は一ついくらですか。

店員：一つ百二十円です。

客D：じゃあ、八つください。

店員：はい、どうぞ。

客E：お弁当七つください。

店員：はい、一つ千二百円です。

第10課 (p. 97)

Ⓐ W10-A

ロバート：メアリーさん、冬休みに何をしますか。

メアリー：韓国に行くと思います。韓国でたくさん食べます。それから買い物もします。一週間ぐらい韓国にいるつもりです。ロバートさんは？

ロバート：ロンドンのうちに帰るつもりです。ロンドンで友だちに会うと思います。12月22日から1月23日までロンドンにいます。たけしさんは何をするつもりですか。

たけし：ぼくはお金がないから、どこにも行きません。アルバイトも休みだから、ひまだと思い

ます。つまらないです。スーさんは？

スー：私もメアリーさんと一緒に韓国へ帰ります。私は三週間ぐらいいるつもりです。家族に会います。それから友だちとスキーをしに行くと思います。

Ⓑ W10-B

ナオミ：三つの大学の中でどれがいちばん大きいですか。

教師：花岡大学がいちばん大きいです。そしていちばん有名ですね。さくら大学も津島大学もあまり大きくないですね。

ナオミ：じゃあ、学費はどうですか。

教師：花岡は一年八十万円ぐらい、津島は百五十万円ぐらい、さくらは五十万円ぐらいだと思います。

ナオミ：さくらがいちばん安いですね。……さくらと花岡とどちらのほうがここから近いですか。

教師：さくらも花岡も遠いですよ。電車とバスで二時間ぐらいかかります。津島がいちばん近いですね。バスで三十分ぐらいですから。

ナオミ：じゃあ、日本語のクラスはどうですか。

教師：さくらと津島には日本語のクラスがありますが、花岡にはありません。

ナオミ：残念ですね。私は大学で日本語を勉強するつもりですから……。さくらと津島とどちらの日本語のクラスがいいですか。

教師：津島のほうがいいと思います。津島の日本語の先生はとても有名ですから。

ナオミ：そうですか。……先生、ありがとうございました。

Ⓒ W10-C

質問：

1. みちこさんは冬休みにどこかへ行きましたか。
2. 一人で行きましたか。
3. どうやって行きましたか。
4. いつからいつまで東京にいましたか。
5. 東京で何をしましたか。

第11課 （p.104）

Ⓐ W11-A

けん：あきらさん、休みはどうでしたか。

あきら：よかったですよ。長野で毎日スキーをしたり、雪の中で温泉に入ったりしました。次の休みも長野に行って、山に登るつもりです。

けん：よしこさんは？

よしこ：私は友だちとオーストラリアに行きました。

あきら：えっ、オーストラリアですか？いいなあ。ぼくは行ったことがありませんが、友だちはオーストラリアでスキーをしたと言っていました。

よしこ：オーストラリアは今、夏だからスキーはしませんでした。友だちがオーストラリアに住んでいるので、会いに行きました。ビーチを散歩したり、買い物したりして楽しかったです。でも、今度の休みはアルバイトします。もうお金がありませんから。けんさんは？休みはどうでしたか。

けん：つまらなかったですよ。どこにも行きませんでした。うちでテレビを見ていました。

よしこ：そうですか。

けん：でも、今度の休みは、友だちと山にキャンプに行ったり、ドライブに行ったりするつもりです。

Ⓑ W11-B

1.

女：ああ、おなかすいた。

男1：うん。何か食べに行く？

女／男2：うん。

男1：何が食べたい？

女：私、ピザ。

男1：きのう食べた。

男2：すし。

男1：お金がない。

女：じゃあ、何？何が食べたい？

男1：ぼくのうちに来る？スパゲッティ作るよ。

女／男2：いいね。

2.

男 ：どこに行きたい？

女 ：うーん。

男 ：ＤＶＤを見る？

女 ：うん。何を見たい？

男 ：「ゴジラ」はもう見た？

女 ：「ゴジラ」？　日本の映画好きじゃないの。

男 ：じゃあ、「タイタニック」。

女 ：古い。

男 ：じゃあ、何が見たい？

女 ：「Ｅ.Ｔ.」は？

男 ：そのほうがもっと古いよ。

3.

女1 ：ニューヨークで何がしたい？

女2 ：美術館に行ったりミュージカルを見たりしたい。どう思う？

女1 ：うん。私は買い物がしたい。家族におみやげを買いたいから。それから映画も見たい。アメリカでは安いからね。

女2 ：じゃあ、今日は美術館に行って、映画を見る？あしたはミュージカル。

女1 ：うん。いいよ。あっ、でも今日は月曜日だから、美術館は休みだと思う。

女2 ：そうか。じゃあ、今日の午後、買い物をしたりして、夜はミュージカル。

女1 ：そうだね。あしたは美術館と映画ね。

Ⓒ W11-C

先生 ：メアリーさんは、子供の時、何になりたかったですか。

メアリー ：私は、社長になりたかったです。今もなりたいです。

先生 ：そうですか。じゃ、トムさんは？

トム ：ぼくは、歌手になりたかったです。今はお金持ちになりたいです。だからお金持ちと結婚したいです。あのう、先生は子供の時から先生になりたかったですか。

先生 ：実は、あまりなりたくなかったです。

メアリー ：じゃあ、何になりたかったですか。

先生 ：別に、何も……

トム ：じゃあ、どうして先生になりましたか。

先生 ：よくわかりません。ときどきやめたいと思いますが……

メアリー／トム ：えっ！

第12課 (p. 112)

Ⓐ W12-A

1.

医者 ：どこが悪いんですか。

患者A ：のどが痛くて、夜せきが出るんです。熱もあると思います。

医者 ：そうですか。少し熱がありますね。おなかはどうですか。

患者A ：大丈夫です。

医者 ：かぜですから、家でゆっくり休んだほうがいいですね。

患者A ：はい、わかりました。ありがとうございました。

2.

患者B ：きのうの夜からおなかが痛いんです。

医者 ：熱はどうですか。

患者B ：熱はないと思いますけど。

医者 ：そうですか。口を開けてください。はい、もっと開けて……のどは大丈夫ですね。

患者B ：でもすごくおなかが痛くて……。

医者 ：きのう、何か食べましたか。

患者B ：晩ご飯は食べませんでした。昼ご飯に、天ぷらと、さしみと、うどんを食べましたけど。さしみが悪かったんでしょうか。

医者 ：いえ、食べすぎたんですね。どこも悪くないですよ。

患者B ：そうですか。

医者 ：あまり食べすぎないほうがいいですよ。お大事に。

3.

医者 ：どうしましたか。

患者C：頭が痛いんです。それにおなかも痛くて。

医者：熱を測りましょう。うーん。熱もありますね。ちょっと高いですね。せきは出ますか。

患者C：いいえ、出ません。

医者：のどは。

患者C：痛くないです。大丈夫でしょうか。

医者：大丈夫だと思いますが、大きい病院に行ったほうがいいでしょう。

患者C：ええ？

Ⓑ W12-B

女：高橋さん、今晩一緒に飲みに行きませんか？

男：すみません。今日は子供の誕生日なので。

女：そうですか。プレゼントは、もう買ったんですか。

男：いいえ。忙しかったから。

女：何か買って帰ったほうがいいですよ。

男：そうですね。じゃあ、そうします。

Ⓒ W12-C

　あしたの東京の天気は、雨ときどきくもりでしょう。暖かいでしょう。気温は十八度ぐらいでしょう。

　モスクワはあしたくもりでしょう。寒いでしょう。気温はマイナス三度ぐらいでしょう。

　バンコクはあした晴れでしょう。気温は三十三度ぐらいでしょう。暑いでしょう。

　キャンベラはあした、くもりときどき雨でしょう。涼しいでしょう。気温は二十一度ぐらいでしょう。

第13課 (p. 19)

Ⓐ W13-A

1.

人事：お名前をお願いします。

応募者1：中山のりこです。

人事：中山さんは英語が話せますか。

応1：はい、一年アメリカで勉強していましたから。

人事：そうですか。車の運転ができますか。

応1：いいえ。バイクなら乗れますが、車は運転できません。

人事：そうですか。運転できないんですね。一週間に何日来られますか。

応1：三日です。

人事：何曜日ですか。

応1：月曜日と水曜日と土曜日は大丈夫です。

人事：はい、わかりました。ありがとうございました。

2.

人事：村野よしたかさんですね。

応募者2：はい、そうです。

人事：外国語は何かできますか。

応2：はい、大学で中国語を勉強したので、少し。

人事：じゃあ、中国語で電話がかけられますか。

応2：いえ、中国語は読めるんですが、あまり話せないんです。

人事：まあ、日本人なら漢字が読めますからね。はっはっは。

応2：……

人事：車の運転はどうですか。

応2：はい、大丈夫です。

人事：何曜日に来られますか。

応2：土曜日と日曜日なら来られます。

Ⓑ W13-B

けん：ねえ、きょうこさん。あしたひま？

きょうこ：うん。ひまだけど。どうして？

けん：あした、アルバイトがあるんだ。でも妹が来るから、うちにいなきゃいけないんだ。ぼく行けないから、アルバイトに行って。一日だけ。

きょうこ：えーっ、どんなアルバイト？

けん：英語の先生。

きょうこ：私、英語を教えたことがないし、できない。

けん：大丈夫だよ。ぼくより英語が上手だし、きょうこさんならできるよ。

きょうこ：ごめん。ロバートさんに聞いてみて。

けん：ロバート、お願いがあるんだ。

ロバート：何？

けん：あした、アルバイトがあるんだ。でも 妹が来るから行けないんだ。だから、あしたのアルバイト……

ロバート：あした？ あしたはレポートを書かなきゃいけないし、友だちと約束があるし……。

けん：一回だけ。

ロバート：ごめん、ぼくはできないよ。でもぼくの友だちのナンシーならできると思う。英語が教えてみたいと言っていたから。じゃあ、電話してみるよ。

けん：ありがとう。

Ⓒ W13-C

1.

男：この時計きれいですね。スイスの時計ですよ。

女：本当ですね。でも、高そうですね。いくらですか。

男：ええ……、ちょっと待ってください。二十五万八千円です。

女：ああ、高すぎて、買えませんよ。

2.

男：これは暖かそうなセーターですね。

女：ええ。あまり高くないし、色もきれいですね。

男：そうですね。もうすぐ父の誕生日だから、父に買いたいと思うんですが……。

女：いいですね。

男：じゃあ、父のプレゼントはこれに決めました。

3.

男：このフィットネスマシンはどうですか。

女：便利そうですね。

男：ええ、このマシンなら、うちで運動できますよ。

女：このごろ運動していないから、太ったんですよ。

男：二万八千円です。スポーツクラブより安いですよ。

女：そうですね。じゃあ、これ買います。

第14課 (p. 26)

Ⓐ W14-A

田中：鈴木さん、今晩コンサートに行くんですか。

鈴木：いいえ。森さんはかぜをひいて行けないから、私にチケットをくれたんです。でも、私も忙しくて、時間がないかもしれないから、友だちにあげました。

田中：吉田さん、コンサートに行くんですか。

吉田：いえ、鈴木さんがチケットをくれたんですが、私は、今晩早く帰らなきゃいけないから……田中さん、どうですか。もらってください。

田中：ありがとう。今日早く仕事が終わったから行けると思います。でも、そのチケット、実は私がきのう森さんにあげたんですよ。

Ⓑ W14-B

1.

留学生A：たかこさん、髪を切ったんですか。似合いますよ。

たかこ：ありがとう。

留学生A：私も髪を切りたいんですが、いい所を知っていますか。

たかこ：大学の近くにありますよ。

留学生A：そこには、英語が話せる人がいますか。

たかこ：いないと思います。

留学生A：じゃあ、だめですね。

たかこ：バス停の前の美容院に行ったらどうですか。英語がわかる人がいますから。

留学生A：じゃあ、そこに行ってみます。どうもありがとう。

2.

留学生B：日本語をもっと話したいんです。いつも留学生の友だちと英語を話しているから、ぜんぜん上手にならないんです。

たかこ：ホームステイをしたら、どうですか。

留学生B：でも、ぼくは肉や魚を食べないから、

ちょっと難しいと思うんです。

たかこ：そうですか。じゃあ、何かサークルに入ったらどうですか。

留学生B：サークルねえ。いいかもしれませんね。もっと運動したいと思っていたんです。どうもありがとう。

3.

たかこ：もうすぐクリスマスですねえ。

留学生C：ええ。ホストファミリーの子供たちに何かあげたいんですが、何がいいと思いますか。

たかこ：子供たちは何歳ですか。

留学生C：えーっと、五歳から十一歳です。全部で七人です。

たかこ：ええっ、七人もいるんですか。

留学生C：ええ、あまりお金がないんですが、何かあげたいんです。

たかこ：うーん、難しいですね。あ、いいものがありますよ。ディズニーのＤＶＤをあげたらどうですか。みんなで見られるし、日本の子供はディズニーが大好きだし。

留学生C：それは、いいですね。

Ⓒ W14-C

みちこ：一郎、誕生日に何がほしい？

弟　：自転車がほしいなあ。

みちこ：自転車？ 自転車は高すぎるよ。

弟　：じゃあ、時計。

みちこ：時計なら持っているでしょ。

弟　：一個しか持っていないよ。もっといい時計がほしいんだ。

みちこ：うーん。Ｔシャツは？

弟　：ほしくない。服には興味ないよ。

みちこ：本は？

弟　：本もほしくないよ。でも、まんがならほしいな。

みちこ：じゃあ、まんがを一冊あげるね。

弟　：一冊しかくれないの？ けちだなあ。

第15課 (p. 33)

Ⓐ W15-A

これはおじいさんが若い時、使っていたラジオ。古いけど使えるよ。

妹が編んだマフラー。ぼくの妹はいろいろ作るのが好きだから、よくくれるんだ。

これはぼくの彼女と京都で撮った写真。その時にお寺で買った着物があそこにある。すごく安かったんだ。

これは友だちが誕生日にくれたＤＶＤ。時々見ている。

えーと、これは先生に借りた歴史の本、あした返さなきゃいけない。

Ⓑ W15-B

メアリー：ねえ、スーさん、今度の休みに何をするの。

スー：まだ、わからない。もうすぐ試験があるし、宿題もしなきゃいけないし、うちで勉強しようと思っているんだ。

メアリー：ええ？ だめだよ。一週間も休みがあるんだよ。

スー：うん。

メアリー：広島に行ったことがある？

スー：ううん。まだ行ったことがない。

メアリー：今度の休みに広島に行こうよ。広島は食べ物もおいしいし、平和公園にも行きたいし。

スー：そうだね。行こうか。

メアリー：じゃあ、私、本で広島について調べておく。それから、お父さんが安い旅館を知っていると言ってたから、お父さんに聞いておく。

スー：私は宿題をしておかなきゃ。

Ⓒ W15-C

みなさん、さくら大学を知っていますか。さくら大学は、大きくてとてもきれいな大学です。大学には、夜十時まで泳げるプールや、一日中勉強できる図書館があります。

大学の近くにショッピングモールがあるので、とても便利です。ショッピングモールには、いろ

いろな国の料理が食べられるレストランや、二十四時間買い物ができるスーパーや、おいしいコーヒーが飲める喫茶店があります。

この大学の日本語のクラスはとても有名です。日本語を勉強している留学生もたくさんいます。どうですか。みなさんも一緒にここで勉強しませんか。じゃあ、みなさん、さくら大学で会いましょう。

第16課 (p. 42)

A W16-A

太郎：花子さん、好きだよ。

花子：うれしい。太郎さん。私も太郎さんが好きよ。

太郎：早く花子さんと結婚したい。ぼくが毎日おいしい朝ご飯を作ってあげるよ。

花子：朝起きた時、ベッドでコーヒーが飲みたい。

太郎：じゃあ、毎朝コーヒーで花子さんを起こしてあげるよ。

花子：ありがとう。あの、太郎さん。

太郎：どうしたの。

花子：私、掃除があまり好きじゃないの。

太郎：心配しないで。ぼくがしてあげるから。

花子：本当？ じゃあ、私、買い物する。時々買いすぎるけど、買い物ならできると思う。

太郎：あの、花子さん、ぼくのシャツにアイロンをかけてくれる？ 会社で、花子さんがアイロンをかけてくれたシャツを着たいんだ。

花子：ええ、いいけど……洗濯はしてね。

太郎：うん。

B W16-B

お父さん、お母さん、お元気ですか。アメリカに来てもう一か月です。手紙を書かなくてごめんなさい。

アメリカに来た時は英語がわからなかったから、大変でした。でも今は毎日とても楽しいです。ホストファミリーのお父さんとお母さんは、とても親切です。私は英語が下手なので、いつもゆっくり話してくれます。

ホストファミリーには子供が二人います。名前はジョンとサラです。ジョンは私をパーティーに連れていってくれたり、友だちを紹介してくれたりします。ジョンは大学で日本語を勉強しているので、私は宿題を手伝ってあげます。サラはよく私に服を貸してくれます。私はおりがみを教えてあげます。

今度、みんなに日本料理を作ってあげようと思っているので、料理の本を送ってくれませんか。じゃあ、お元気で。

C W16-C

レポーター：りえさん、お誕生日おめでとうございます。はたちになって、どんなことをしてみたいですか。

りえ：そうですね。今年は中国でコンサートができるといいですね。

レポ：中国でも、りえさんの歌はとても人気があるんですよね。

りえ：ありがとうございます。

レポ：でも、忙しくて大変ですね。

りえ：ええ、もっと休みが取れるといいんですが。実は去年は休みが三日しかなかったんです。

レポ：そうですか……。あの、りえさんは、歌手の西城さんと付き合っていますが、結婚する予定は？

りえ：西城さんとは、今はいい友だちです。私も彼も若いし、今はもっと仕事をしたいし。

レポ：そうですか。それは、私たちにはいいニュースですね。これからもがんばってください。

りえ：どうもありがとうございます。

第17課 (p. 49)

A W17-A

男1：山本さん、会社をやめるそうですよ。

男2：えっ、本当ですか。最近、ずいぶん疲れているみたいですからね。

男1：ええ、毎日夜遅くまで残業していたみた

いですよ。この会社は給料はいいけど、残業が多すぎますよ。

男2：山本さん、これからどうするんですか。

男1：今、新しい仕事を探しているみたいですよ。奥さんとも離婚するそうですよ。

男2：やっぱり。忙しすぎて家にあまりいられないんでしょうね。

男1：私たちも、結婚する前に新しい仕事を探したほうがいいかもしれませんね。

B W17-B

女：急ぎましょうか。

男：急がなくてもいいですよ。一時間ありますから。出かける前に、田中さんに電話をしておかなきゃいけませんね。

女：そうですね。かさを持っていきますか。

男：持っていかなくてもいいと思います。今日は、雨が降らないそうです。

女：何か買っていったほうがいいですね。

男：じゃあ、バスを降りてから、ケーキと花を買いましょう。

C W17-C

たけし：メアリー、スーさんに電話した？

メアリー：うん、スーさん、土曜日は約束があるからだめだけど、日曜日なら大丈夫だって。

たけし：よかった。じゃあ、日曜日にみんなで神戸に行けるね。メアリーは神戸で何がしたい？

メアリー：私、おいしいものが食べたい。神戸にはいろいろな国のレストランがあるし。スーさんは買い物がしたいって。たけしくんは何がしたい？

たけし：ぼくは六甲山に行きたい。六甲山からきれいな海が見えるそうだよ。

メアリー：じゃあ、いい天気だったら六甲山に登ろうよ。

たけし：うん。雨が降ったら、町で買い物をしたり、おいしいものを食べたりしよう。

第18課 (p. 57)

A W18-A

娘：ただいま。お母さん、晩ご飯ある？

母：えっ？ ないよ。今日、友だちと晩ご飯を食べに行くって言っていたでしょう。

娘：うん。でも、店が開いていなかったから、食べられなかったの。じゃあ、カップラーメンある？

母：お父さんが食べちゃったよ。

娘：えーっ、じゃあ、私が買ったケーキは？

母：何言ってるの。きのうみんなで食べちゃったでしょう。

娘：うーん……。じゃあ、田中さんにもらったクッキーは？

母：あれはとなりの子供にあげちゃったよ。

娘：えーっ？……あ〜あ、うちに帰る前にコンビニで食べる物買えばよかった。

B W18-B

コンピューター会社の人：はい、こちらカスタマーサービスです。

山下先生：すみません。コンピューターが壊れてしまったんです。

コンピュ：どこが壊れたんですか。

山下先生：わかりません。

コンピュ：困りましたね。コンピューターの右に赤いライトがありますね。電気がついていますか。

山下先生：いいえ、ついていません。

コンピュ：そうですか。スクリーンは？

山下先生：消えています。

コンピュ：壊れていますね。

山下先生：ええ、だから電話しているんです。あしたまでに宿題を作らなきゃいけないんです。困ったなあ。

コンピュ：あの、スイッチは押しましたか？

山下先生：スイッチ？ あっ、押していませんでした。つきました。

© W18-C

森：田中さん、今学校に行っているそうですね。

田中：ええ。仕事が終わってから、英語の学校に行っているんですよ。

森：働きながら勉強するのは、大変でしょう。どうして英語を勉強しようと思ったんですか。

田中：去年、ロンドンに行ったんですが……。そこで英語ができなくて、飛行機に乗り遅れてしまったんですよ。

森：それは大変でしたね。

田中：「イクスキューズミー。アイハフトテイク、フライト521」って言ったんだけど、わかってくれなかったんです。

森：上手ですよ。

田中：はっはっは……。学生の時にもっと勉強しておけばよかったですよ。四十歳になると、単語が覚えられないんですよ。

第19課 (p.65)

Ⓐ W19-A

レポーター：今日は、ベストセラーをお書きになった山田真理子先生に、いろいろお話を聞きたいと思います。……山田先生は、今、東京に住んでいらっしゃるんですか。

山田：いいえ、大学の時から十五年東京に住んでいたんですけど、おととし引っ越して、今は静岡に住んでいます。静岡は海に近いし、食べ物もおいしいし、気に入っています。

レポ：そうですか。先生は毎日、何をなさるんですか。

山田：そうですね。朝はたいてい仕事をします。午後は散歩しながら、いろいろ考えます。夜は早く寝るんです。

レポ：何時ごろお休みになるんですか。

山田：そうですね。九時ごろですね。

レポ：ずいぶん早いですね。テレビはあまりご覧にならないんですか。

山田：ええ、あまり。東京にいた時はよく映画を見たんですが、このごろはぜんぜん見ません。

レポ：東京にはよくいらっしゃいますか。

山田：仕事があるので、一か月に二回ぐらい行きます。東京に行くと、静岡に引っ越してよかったと思いますよ。

レポ：そうですか。今日はどうもありがとうございました。

Ⓑ W19-B

アベベ王子がきのうこの町にいらっしゃいました。高校の時、王子はこの町の学校に留学していらっしゃいました。

きのうの朝、王子は十時に駅にお着きになりました。その後、高校へいらっしゃって、高校生とお話をなさいました。十二時半から一緒に昼ご飯を召し上がりました。その後、高校生の歌をお聞きになったり、空手の練習をご覧になったりしました。

二時ごろ、高校の時のホストファミリーにお会いになりました。そして、五時の新幹線で東京へお帰りになりました。

王子は「日本での時間が短くて残念だ。でも、この町に来られてよかった」とおっしゃっていました。今日の夕方、国へお帰りになります。

Ⓒ W19-C

1. 京都行き電車、ドアが閉まります。ご注意ください。

2. 二名様ですね。メニューをどうぞ。ご注文がお決まりになりましたら、お呼びください。

3. 男：今週の土曜日に旅館の予約をお願いしたいんですが。

   女：今週の土曜日ですね。お待ちください。

4. 何もありませんが。どうぞお召し上がりください。

5. 女：中国にお金を送りたいんですが。

   男：はい。お名前とご住所、電話番号をここにお書きください。

第20課 (p. 75)

Ⓐ W20-A

ガイド：おはようございます。私、ガイドの田村と申します。今日は京都のお寺をご案内いたします。まず、清水寺に参ります。

客Ａ：ガイドさん、すみません。あの、トイレに行きたいんですが。

ガイド：お手洗いですか？ このバスにはございませんので、申し訳ありませんが、少し待っていただけますか。五分ぐらいで清水寺に着きますので。

客Ａ：はい。

ガイド：その後、南禅寺に参ります。南禅寺をご覧になった後、「みやび」というレストランで昼ご飯にいたします。

客Ｂ：ガイドさん、昼ご飯は何を食べるんですか。

ガイド：とうふ料理でございます。その後、金閣寺に参ります。金閣寺で写真をお撮りして、後で皆さんにお送りします。

客Ｃ：あの、すみません、何時ごろここに帰るんでしょうか。

ガイド：はい。金閣寺の後、竜安寺に行って、四時ごろ戻る予定でございます。

Ⓑ W20-B

先生：みなさん、おはようございます。

ジョン：先生、遅くなってすみません。

先生：ジョンさん、どうしたんですか。

ジョン：財布を持たないで、家を出てしまったんです。だから、また家に帰らなきゃいけなかったんです。

先生：それは大変でしたね。あれ、ロバートさんがいませんね。どうしたんでしょう。

メアリー：ロバートさん、今レポートを書いていると思います。きのうレポートを書かないで寝てしまったと言っていましたから。今日が締め切りなんです。

先生：そうですか。もっと早くやればよかったですね。あれっ、スーさん、元気がありませんね。

どうしたんですか。

スー：実は、自転車がないんです。かぎをかけなかったんです。

先生：そうですか。それは困りましたね。……じゃあ、授業を始めましょうか。あれ？ みなさん、ちょっと待ってください。教科書を持たないで来てしまいました。

Ⓒ W20-C

女：ねえねえ、野村さんという人と同じサークルだよね？

男：うん。テニスサークルで一緒だよ。

女：どんな人？

男：話しやすいし、性格もいいよ。

女：そう。どこに住んでいるの？

男：どこに住んでいるか知らないけど、大学の近くだと思うよ。自転車で大学に来ているみたいだから。

女：彼女はいる？

男：さあ、彼女がいるかどうか知らないけど、性格もよくてかっこいいからもてるよ。

女：……やっぱり。

男：どうして野村について聞くの？

女：いや、私の友だちが野村さんに興味があるんだって。

男：そうなんだ。

女：じゃあ、今度みんなで飲みに行かない？

男：うん、いいよ。

第21課 (p. 84)

Ⓐ W21-A

1.

男：あ〜あ、眠い。

女：また遅くまでゲームしてたんでしょ。

男：してないよ。けさ早く、となりの人の目覚まし時計で起こされちゃったんだ。その人、すぐ起きないから、うるさくてぼくが起きちゃうんだ。これでもう三回目だよ。

女：「静かにしてください」って言ったほうがい
　　いよ。

男：うん。

2.

女：どうしたの？　きのうと同じ服着て。

男：実は、きのうの夜みんなで飲んで三時ごろ
　　帰ったら、奥さんにかぎをかけられちゃって…。

女：家に入れてくれなかったの？

男：うん。だから、きのうと同じ服。

女：今日は奥さんに何かプレゼント買って帰っ
　　たほうがいいよ。

Ⓑ W21-B

友だち：元気ないな、まさお。どうしたんだ。

まさお：今日は最低な一日だったよ。

友だち：何があったんだよ。

まさお：朝起きたら、牛乳がなかった。冷蔵庫
　　　　に入れてあったんだけど、ルームメートの林
　　　　に全部飲まれたんだ。

友だち：牛乳飲まれて、怒っているのか？

まさお：牛乳はいいよ。きのうの夜、パソコン
　　　　で歴史のレポート書いていたんだよ。けさ見た
　　　　ら、ファイルがないんだ。林にファイルを消
　　　　されたんだ。

友だち：えっ、それは大変だ。

まさお：パソコンでゲームしている間に、消し
　　　　ちゃったんだって。

友だち：じゃ、歴史のレポートは出さなかったの
　　　　か。今日締め切りだっただろ。

まさお：うん、だから、経済のクラスで歴史のレ
　　　　ポート書いていたんだ。それを先生に見られ
　　　　て、怒られたんだよ。

友だち：それはひどい一日だ。

Ⓒ W21-C

客：すみません。バリのホテルの予約をお願い
　　したいんですが。

旅行会社：はい。

客：あの、安いホテルに泊まりたいので、ホテ
　　ルがいくらか調べてほしいんですが。

旅行会社：はい、わかりました。えーっと、パレ
　　　　スホテルが八千円ですね。ホテルバリが六千
　　　　五百円です。でも、ホテルバリは人気がある
　　　　ので、予約が取れるかどうかわかりませんね。
　　　　ちょっと、難しいかもしれません。

客：パレスホテルは八千円ですか。高いですね。

旅行会社：海が見えない部屋なら二千円安くしま
　　　　すよ。

客：じゃあ、パレスホテルをお願いします。

旅行会社：何泊ですか。

客：一泊でいいです。

旅行会社：飛行機の切符はどうなさいますか。

客：切符はもう買ってあるので、結構です。

第22課　(p. 93)

Ⓐ W22-A

妻：ねえ、この子が五歳になったら、英語を習わ
　　せてあげたい。

夫：いいよ。

妻：それから、何かスポーツもさせてあげたい。
　　そうね。空手がいいな。

夫：空手かあ……。女の子はテニスのほうがい
　　いんじゃない？

妻：だめ！　女の子も強くならなきゃ。それから、
　　バイオリンを習わせたいの。

夫：ぼくはピアノのほうがいいと思うけど。

妻：ピアノはみんな弾けるから。バイオリンがい
　　いの。

夫：お金がかかるなあ。

妻：そうそう、それから外国に留学させたい。

夫：留学かあ……いいよ。

妻：それから、医者か弁護士と結婚させて……

夫：ちょっと待ちなさい。結婚はだめ！　だれと
　　もさせない。

Ⓑ W22-B

めぐみ：けいこ、今度の旅行、行ける？

けいこ：お父さんに聞いてみたんだけど、だめみ
　　　　たい。

めぐみ：ええっ、どうして？

けいこ：友だちと旅行させてくれないの。うちの親、厳しいんだ。もう高校生なのにアルバイトもさせてくれないんだよ。

めぐみ：本当？　私のお父さんは、若い時はいろいろな経験をしなさいって言うよ。

けいこ：へえ、めぐみがうらやましい。私のお父さんも、めぐみのお父さんのようにやさしかったらいいなあ。

めぐみ：でも、大学に行って、一人暮らししたら、好きなことができるでしょう。

けいこ：うーん、一人暮らしさせてくれないと思う。お母さんは、お金がかかるから家から大学に行きなさいって。

めぐみ：そうか。大変だね。

けいこ：でも、大学生になったらアルバイトしてもいいってお父さんが言ってたから。

めぐみ：旅行も行かせてくれるといいね。

けいこ：たぶん、行かせてくれると思う。大学生になったら一緒に行こうね。

Ⓒ W22-C

渡辺：みなさん、お疲れさまでした。今日はもう何も予定がございませんから、みなさん好きな所にいらっしゃってください。私はこのホテルにおりますから、わからないことがあれば、お聞きください。

客A：渡辺さん、美術館に行きたいんですが。

渡辺：三番のバスに乗れば行けますよ。

客A：ここから何分ぐらいかかりますか。

渡辺：バスで十分ぐらいです。バス停は銀行の前にあります。

客B：ちょっと寒いから、セーターを買いたいんです。どこに行けば買えますか。

渡辺：セーターですか。ホテルのとなりの店に行けば、たくさんあると思います。

客B：あの、私、日本語しか話せないんですけど、大丈夫でしょうか。

渡辺：大丈夫、大丈夫。がんばってくださいね。

客C：渡辺さん、財布を盗まれました！

渡辺：えっ、どこで？　どんな人に？

客C：それが、あまり覚えていないんです……。

渡辺：一緒に警察に行きましょう。

第23課 (p. 104)

Ⓐ W23-A

1.

林：山田さん、もう帰るんですか。まだ十時ですよ。

山田：あした朝早く起きなきゃいけないんですよ。

林：休みなのに？

山田：ええ。休みの日はうちの奥さんに六時半に起こされて、一緒にジョギングさせられるんですよ。

林：はあ、六時半ですか。

山田：その後は奥さんが買い物に行くことにしているから、車で店まで送らされて、買い物が終わるまで、待たされるんですよ。

林：大変ですね。

2.

くみこ：のりこ、新しく来た部長はどう？

のりこ：最低。毎朝コーヒーをいれさせられるし、コピーも取らされるし、部長のつくえもふかされるのよ。

くみこ：へえ、自分で何もしないのね。

のりこ：そうよ。仕事をしないで新聞を読んだりしているんだよ。この間も「のりこくん、お弁当買いに行ってくれないか」だって。

くみこ：ええっ、お弁当も買いに行かされるの？

Ⓑ W23-B

1.

花子：太郎さん、私、イギリスに留学することにしたの。

太郎：えっ？　どうしてそんなことを言うんだ。

花子：ずっと考えていたんだけど、言えなかったの。ごめんなさい。私たち別れたほうがいいと思うの。

太郎：別れたくない。

花子：でも、遠く離れていたら、二人の気持ちも
　　　離れると思う。悲しいけど……。

太郎：いや、離れていてもいつも一緒だ。ぼくは
　　　花子がイギリスから戻ってくるまで待っている。

2.

男：ぼく、来月会社をやめることにしたんです。

女：ええっ、どうしてですか。

男：この会社にいても、自分のしたいことができ
　　ないんです。

女：会社をやめてどうするんですか。

男：カメラマンになりたいんです。写真の学校
　　に入るつもりです。プロのカメラマンになれる
　　まで、バイトしながら写真の勉強をします。

女：そうですか。大変だと思うけど、がんばっ
　　てくださいね。

男：ええ。今までいろいろありがとうございま
　　した。

女：有名になっても、私たちを忘れないでくだ
　　さいよ。

Ⓒ W23-C

1.

留学生Ａ：漢字が覚えられなくて困っているん
　　ですが、漢字の覚え方を教えてくれませんか。

たかこ：私は子供の時、読み方はカードを作って、
　　書き方はノートにたくさん書いて覚えました
　　よ。一度やってみたらどうですか。

留学生Ａ：そうですか。じゃあ、今からカード
　　とノートを買いに行きますね。

2.

留学生Ｂ：アメリカから友だちが来るから迎え
　　に行きたいんですけど、空港の行き方を教えて
　　くれませんか。

たかこ：空港までは駅からバスで行けますよ。電
　　車より時間がかかるけど、わかりやすいから、
　　バスを使ったほうがいいですよ。

留学生Ｂ：じゃあ、そうします。どうもありが
　　とう。

初級日本語げんき（解答）【第 2 版】
2005 年 7 月 20 日　初版発行
2011 年 10 月 1 日　第 2 版発行
2019 年 6 月 20 日　第15 刷発行

著者：坂野永理・池田庸子・大野裕・品川恭子・渡嘉敷恭子
発行者：堤 丈晴
発行所：株式会社 ジャパンタイムズ
〒 102-0082 東京都千代田区一番町 2-2
一番町第二 TG ビル 2F
電話　050-3646-9500 ［出版営業部］

First edition: July 2005
Second edition: October 2011
15th printing: June 2019

Cover art: Nakayama Design Office
Published by The Japan Times, Ltd.
2F Ichibancho Daini TG Bldg., 2-2 Ichibancho, Chiyoda-ku, Tokyo 102-0082, Japan
Phone: 050-3646-9500　Website: https://bookclub.japantimes.co.jp/

ISBN978-4-7890-1447-2
Printed in Japan